第 5 版 FIFTH EDITION

中華民國憲法集萃

蔡明惠　編著

五版序

　　本書自 1998 年發行第一版至今已逾二十五年，其間經歷了數次的修憲，以及我國政黨輪替等憲政關鍵時刻的變遷；作者也陸續完成了第二、三、四次的適時改版。此次第五版的增訂，乃是因應我國變更行之有年的釋憲制度，並自 2022 年起實施《憲法訴訟法》，對於我國民主法治的落實以及基本人權的保護，無疑更成熟地向前邁一大步。另外，同年 11 月 26 日併地方選舉，臺灣也舉行首次修憲公民複決投票；此項 18 歲公民權的第八次修憲，儘管投票結果未能順利通過，仍有其重要的憲政意義。

　　作者秉持為大專院校憲法課程的需求，並提供準備相關國家考試的參考，莫忘當年寫書出版的初衷，規劃本書的編輯特色為：（一）架構條理分明、深入淺出：藉由綱舉目張剖析憲法知識體系，輔以圖表相互比較掌握內容要點。（二）理論釋憲精選、實例分析：舉其精闢釋憲論點窺探憲政理念，引述生活實例應用提升公民素養。

　　最後，再次感謝新文京開發出版股份有限公司，在教科書銷售普遍不景氣之下，仍不吝支持再版且提供貼心的編輯服務。也感謝多年來讀者的相挺與先進的指教；更希望此書對憲法教學及其知識傳承，能略盡棉薄之力。

蔡明惠

四版序

西元 2011 年為中華民國建國百年，而中華民國憲法的頒行，迄今也已走過一甲子的歲月。回顧我國憲法施行及其變遷的歷程，行憲之初因國家遭逢內戰政局紛擾，旋即於 1948 年通過「動員勘亂時期臨時條款」，1949 至 1950 年更進一步宣布戒嚴，使得行憲後的四十餘年間，憲政體制與人權保障無法完全落實；隨著 1987 年的解嚴以及 1991 年的廢止臨時條款與修憲工程啟動，才逐步回歸民主憲政的常軌。

本書的出版與前兩次的修訂，即是緣於教學上之需，為因應 1991 年以來歷次的修憲以及相關法規的修訂而完成。此次第四版的修訂，一方面是針對近年來大法官會議所通過的新增釋憲案，另一方面則是配合 2010 年行政院組織法修正案的通過（並預定於 2012 年元旦施行），以及其他相關法規的修正，就書中內容再次進行全面性的增修改寫。由於修訂時間倉促，致疏漏之處在所難免，尚祈學者先進不吝指正。

最後，感謝讀者多年來的支持，讓筆者得以藉由教科書的撰修過程，在從事憲法教學工作上不斷地成長與精進；也再次感謝新文京開發出版股份有限公司提供細心的編輯作業服務，使本書以最佳版面順利付梓。

蔡明惠

　　從事大學校院的憲法教學工作，迄今已有十五年之久，期間也經歷了我國七次的修憲過程，而本書為因應憲法變遷以及配合教學需要，則邁入第三版的修訂。儘管不少人對於如此頻繁且充滿工具性的修憲結果，感到憂慮或失望；但是理解憲法規範並且尊重憲政體制，仍是作為現代民主國家的公民所應秉持的態度。

　　本版係依據 2005 年所通過的第七次憲法增修條文、新增司法院大法官會議解釋文，以及相關法律的訂頒修正等內容，配合原書部分章節架構的調整，進行全面性的增刪修訂。希望透過本書簡明的架構與精要的分析，提供讀者能夠清楚地掌握人權保障與政府體制的憲法內涵。

蔡明惠

二版序

　　本書自 1998 年出版至今已屆三年，感謝讀者的支持與指教。在這段時間，臺灣不但在憲政發展上，又陸續進行第五次（後經大法官宣告為無效）與第六次的修憲，更在 2000 年的總統大選中，促成了頗具歷史意義的「政黨輪替」；然而，回顧一年多來，國內政局擾攘不安，憲政運作爭議不斷，實令國人感到憂心與厭煩。此外，從司法院大法官所作的解釋，以及相關法律如軍事審判法、訴願法、行政訴訟法的修改和出版法的廢止，均顯現人權保障在臺灣日益受重視。

　　此修訂版即係依據第六次憲法增修條文，以及最新修訂的相關法律，就原書內容加以全面地增刪修改，並針對人權保障的理論內涵作更深入的闡釋。最後仍要感謝文京出版機構對本書的支持與協助，也祈望本書的出版，能夠為臺灣社會憲法知識的普及與憲政精神的落實，有些許的貢獻。

蔡明惠

憲法為國家之根本大法，它規範了國家的結構、政府的組織，以及人民的權利義務等權力關係的基本原則。我國憲法於民國三十六年公布施行，但翌年又制定了『動員戡亂時期臨時條款』，使得政府遷臺以來，憲法一直無法完整的實行；至民國八十年五月，動員戡亂時期終止並廢止臨時條款，原有回歸憲法之勢；然而從民國八十年到民國八十六年間，陸續歷經了四次的修憲，不但將原有的憲政體制，作了大幅的更動，同時也使國人對於憲法的理念，更形混淆不清。

筆者自民國八十年任教憲法科目以來，為因應歷次修憲內容的更新，並配合共同學門憲法課程設計的需要，於是著手編撰講義。本書即是以此為基礎所改寫而成，內容除了涵蓋憲法的基本原理、中華民國憲法條文的闡釋、大法官會議的要旨、以及相關法規的補述之外，也針對法理上與時事性的問題，作了扼要的探討。

本書的出版，源於幾年來畢業的學生，在參加國家考試時，常因修憲頻頻而不勝其擾，以致於對筆者有出版完整書稿之殷盼，更感謝文京圖書有限公司的支持，使此書得以順利付梓。希望這本書，可提供作為大專院校憲法課程之參考教材，也能有助於參加國家考試的準備。謹以此書，獻予我的學生，並祈各方先進不吝指正。

蔡明惠

編著者簡介

蔡明惠

籍貫　臺灣省澎湖縣人

現職　國立澎湖科技大學通識教育中心教授兼共同教育委員會主任委員

學歷　國立中山大學社會科學博士
國立中山大學法學碩士
私立東吳大學政治學系學士

經歷　國立澎湖科技大學教授兼人文暨管理學院院長
國立澎湖科技大學教授兼服務業經營管理研究所所長
國立澎湖科技大學教授兼通識教育中心主任
國立澎湖技術學院副教授兼餐旅管理系主任
國立澎湖海事管理專科學校講師、助理教授
國立高雄海事專科學校澎湖分部講師
2005 年獲選全校教學優良教師
1996 年獲教育部優秀教育人員獎【台(85)人（二）字第 85509180 號】

主要著作　澎湖的政治生態（洪葉）
台灣鄉鎮派系與政治變遷（洪葉）
中華民國憲法集萃（文京）【編著】
走過南嶼：離島社區健康營造（澎湖縣地方研究學會）【合著】

目錄

第一章

憲法的基本概念

📜 1-1 ▷ 憲法的意義

　　雖然「憲法」這個名詞廣為社會大眾所熟知，但是如果我們進一步問：何謂憲法？又國家為什麼需要憲法？恐怕就不是那麼容易得到答案，或是對於它們的真正意義卻不見得確實瞭解。憲法(constitution)一詞，於中國古代典籍早已存在，最常被提及的是《國語》一書中的「賞善罰姦，國之憲法」。但據稱「憲，法也」，所以「憲法」即指國家的法規和典章制度。及至 19 世紀西方以 constitution 作為近代意義的憲法，依照其字面解釋便是「國家組織法」之意，因此憲法（或是有些國家所稱之基本法）就被視為是一個國家最根本且最高的法規範名稱（許慶雄，1998：32）。

　　對於憲法的意義，受價值觀的影響甚鉅，也常隨時代而改變；論者常從不同的角度去理解，自然顯現憲法概念的多義性（許志雄，1993：5-6）。儘管各學者對憲法所下的定義，以及對憲法形式所做的區分，存在著許多的分歧，但是大多數的學者均同意近代憲法的規範內容，一方面確立了一個國家政府體制及其職權運作的原則，另一方面確定了基本人權的保障。因此，簡單來說憲法就是規定保障基本人權，國家的權力和組織以及兩者之間關係的根本大法（李鴻禧，1994：25）。

　　西方學者對於憲法概念的探討，而廣為被採用的有兩種說法：一種是從強調建立政府管理的角度來闡述，可稱之為「統治規範論」；另一種則是著眼於對抗專制統治權力的觀點來立論，可稱之為「限制權力論」。前者指的是，一個國家不論採行何種社會、經濟結構，都必須有政治權力及行使這種權力的機關存在；而規定這種機關、權力的組織與作用以及其相互間關係的規範，就是所謂「固有意義的憲法」；後者係指基於自由主義而制定的國家基本法，即一般所謂的

「立憲意義的憲法」，或稱之「立憲主義」(constitutionalism)為基礎所建構的憲法，是以限制國家權力，保障人民權利為目的（蘆部信喜，1995：30-31）。

近代民主國家的憲法中，當基本人權的保障與國家權力的行使相衝突時，依據前述立憲主義的精神，基本人權的保障應較為優位（李鴻禧，1994：26；游伯欽，1990：153）。從憲法史來看，最早的憲法法典是 1215 年英國的「大憲章」，其目的在限制英王對人民濫用權力；主要的核心規範即「未經議會同意，國王不得徵稅」，以及「未經依法裁判，不得逮捕監禁人民」；接著又陸續在 1628 年通過「權利請願書」，1689 年制定「權利法案」，英國於是逐步建立以保障人權為目的的憲政制度；而有「憲法母國」的美稱（羅豪才與吳擷英，1998：34-36；許慶雄，2000：23）。

1765 年英國制定印花稅法，加重美洲大陸殖民地的稅賦，因而引發人民強烈主張「無代議士，不納租稅」(no taxation without representation)，於是爆發獨立戰爭；1776 年美國通過「獨立宣言」，揭櫫人民擁有與生俱來不可讓渡的自由權利之原則（羅豪才與吳擷英，1998：40-41）。再者，1789 年的法國「人權宣言」第 16 條更明確規定：「凡是未能確實保障人民的權利，以及分權制度未確立的社會，可視為沒有憲法」。從上述西方國家憲法的發展可知，國家政府存在的目的是為了確保人民的自由權利；保障基本人權還是較國家權力的行使更為重要（李鴻禧，1994：29）。

再就憲法與國家的關係來看，張君勱(1971：5-8)曾指出：瞭解什麼是憲法？可以先探討為什麼國家需要憲法？而要解答這一問題，須先問我們要國家是幹什麼的。他認為國家的目的是（一）保障人民的安全以維持人民的生存、（二）保障人民的自由、（三）造成一種法律的秩序；為了要達到這些目的，我們透過憲法文書規定政府權力如何

分配於各機關，以達到保護人民安全與人民自由的目的。由此可知，憲法的終極目的在於保障人民基本權利，而國家權力的確立只是要達到此項目的所採行的一種手段。

另外，由於憲法是一種「關聯到政治的法」，因此在實際的憲政運作過程中，我們不斷地看到兩者相互影響的矛盾本質。從制憲到修憲，我們目睹了政治力決定憲法的內容；從憲法的解釋，我們發現充滿著政治目的或妥協的色彩。例如大法官會議釋字第 31 號解釋，雖有其特殊的歷史背景，但卻造就出「萬年國會」的嚴重憲政瑕疵；又如釋字第 419 號解釋，有關副總統得否兼任行政院院長，所作「合憲附帶違憲警告但書」的解釋，即隱含高度的政治色彩。但是就學理上而言，兩者應調和在一定的平衡點上；在憲法方面須預留政治運作與發展的彈性空間，俾釋憲者能作出合乎時代需求的解釋；在政治方面則須強調政治力一旦決定了憲法的內容，就應遵循憲法的軌道運作；才能呈現憲法與政治間應有的良性互動關係（許宗力，1997：44-46）。

至於一般學者論述分析憲法的意義大多指稱：「憲法者，乃規定國家的基本組織及其權限，人民的權利義務以及基本國策之根本大法。」其內涵可進一步分述如下：

⚖ 一、憲法為規定國家基本組織與權限之法

依政治學者論點，國家構成的要素有四：人民、領土、主權及統治（政府）組織。憲法即規定此類國家基本組織之法律，主要內容為國家政府體制的構成與政府職權運作的規範。

⚖ 二、憲法為規定人民權利義務之法

基本人權的保障是憲法的中心概念。現代憲法制定之目的，不僅消極的限制國家權力的行使，同時也積極的指示國家以其作為為民服

務之方針。透過憲法明定人民權利義務，以確保人民權利與國家權力的界限。誠如中山先生：「憲法者，國家之構成法，亦即人民權利之保障書也。」

三、憲法為規定基本國策之法

近代憲法除了規範國家組織職權運作與人民權利保障之外，更會將有關國防外交、國民經濟、社會安全、教育文化等公共事務之方針納為基本國策，是為近代福利國家的運作理念。

四、憲法為國家之根本大法

此包含三方面意義：（一）憲法為國家之基本規範、（二）憲法為所有法令之依據、（三）所有法令不得與憲法相牴觸；如我國《憲法》第 171 條與第 172 條分別規定：「法律與憲法牴觸者無效」以及「命令與憲法或法律牴觸者無效」，即表示憲法的優越性及具有最高效力。

1-2 憲法的分類

一、傳統的分類

（一）依憲法之形式為區分標準

1. **成文憲法(written constitution)**：即國家的基本組織及其職權運作等事項，均以文書明白規定而成獨立完整之法典。如美國、我國之憲法屬之，一般認為美國憲法(1787)為第一部成文憲法。

2. **不成文憲法**(unwritten constitution)：即關於國家的基本組織及其職權運作等事項，均散見於各種相關歷史文獻、法律、判例或憲政慣例之中，而無獨立之法典；如英國屬之。

（二）依憲法修改程序之難易為區分標準(Bryce, 1884)

1. **剛性憲法**(rigid constitution)：即憲法之修改，須經特別的立法程序，或由特定機關，而較一般法律規定嚴格者；如我國屬之。

2. **柔性憲法**(flexible constitution)：即憲法修改之機關及程序，均與一般普通法律相同者；如英國屬之。

值得注意的是，不成文憲法均為柔性憲法，但成文憲法則不一定是剛性憲法。

（三）依憲法之制定主體為區分標準

1. **欽定憲法**(constitution by decree)：凡由君主單獨意識而制定者稱之；如日本明治憲法。

2. **協定憲法**(treaty constitution)：凡由君主與人民（或其代表）共同協議而制定者稱之；如 1830 年的法國憲法。

3. **民定憲法**(constitution made by people)：凡由國民（或其代表）所制定者稱之；如我國憲法屬之。

綜合上述傳統的分類，中華民國憲法是屬於成文、剛性、民定的五權憲法。

二、新式的分類

（一）依憲法之機能為區分標準(K. Loewenstein, 1969)

1. **規範憲法**(normative constitution)：指憲法之規定受到國家政府權力與一般人民所遵守，使其能發揮規範功能者；如歐美多數國家的憲法屬之。

2. **名目憲法**(nominal constitution)：指雖有成文憲法法典，但在實行上卻不能發揮其規範性之作用，僅為名義上存在者；如亞、非、拉丁美洲等開發中國家的憲法屬之。

3. **語義憲法**(semantic constitution)：指憲法僅止於表面上之宣言，其只不過是現實掌握權力者，為自己的利益，將既存的政治權力予以定型化而已；如蘇聯及其衛星國家的憲法屬之。

（二）其他分類

1. 資本主義類型憲法與社會主義類型憲法。

2. 平時憲法與戰時憲法。

1-3　憲法的變遷

一、意義

　　政治上的權力決定憲法的內容，憲法也是制憲時社會經濟狀態的反映。儘管憲法一經制定，則成為國家具有固定性的法規範。但是隨著政經社會環境的轉變，往往使得原憲法內容已不敷應用，或出現憲法條文與國家環境難以相吻合的現象。如何才能使這具有固定性的憲

法能夠適應時代潮流的轉變，以維持其「有生命之法」的精神。此即憲法的成長與變遷。

二、方法

（一）慣例的建立

不成文憲法的主要淵源為習慣，所以習慣是不成文憲法變遷的主要因素。而所謂習慣即是指先例(precedents)繼續為後人所遵守而成的政治傳統與慣例。如英王在任命內閣首相時，依慣例須屬意於國會多數黨的領袖。而在成文憲法的運用過程中，自然也會產生憲法所沒有規定的情境，終而演變成憲法運用上的根本規範。例如美國憲法關於總統可否連任，原無明文規定，但自華盛頓和哲斐遜拒絕三次競選之後，總統只許連任一次，就成為美國憲法上的慣例。直到 1951 年通過《憲法》第 22 條修正案，美國總統任期始明定以兩任為限。

（二）憲法的解釋

由於憲法多採原則性與一般性的規定方式，而在施行於現實社會生活時，不免會產生模糊與糾葛的情況，就須有正確的解釋，方能具體運用。憲法的解釋具有兩種涵義：

一為補充解釋，即闡明憲法條文之意義，並對於憲法內容具有補充的作用。例如司法院大法官會議釋字第 314 號解釋指出：「非以修憲為目的而召集的國民大會臨時會，不得修憲。」即屬此類。

二為違憲解釋，指在一般成文憲法國家中，憲法具有最高的法律位階，因此普通法令不得牴觸憲法，當法令有無牴觸憲法發生疑義時，即應聲請有權解釋憲法之機關解釋之。例如司法院大法官會議釋字第 365 號解釋：「民法第一千零八十九條，關於父母對於未成年子

女權利之行使意思不一致時，由父行使之規定部分，與憲法第七條人民無分男女在法律上一律平等之意旨不符，應予檢討修正。」即屬此類。

（三）憲法的修改

　　當社會經濟狀態或政治環境的變遷轉為激烈，且與憲法規定產生矛盾時，則不能單純以憲法的解釋來彌補其間的差距，須依修改的方法來加以適應。可知憲法修改的原因，大致有二：1.憲法條文之瑕疵、2.國家環境之變遷。而修改的方法有四種：1.全部修改（另定新憲）、2.一部修改、3.刪除條文、4.追加條文。

　　至於修改的程序則包括：1.提案、2.議決、3.公布。依《憲法》原條文第 174 條之規定我國憲法修改的程序如下：

1. **提案**
   (1) 國民大會代表總額 1/5 之提議。
   (2) 立法委員 1/4 之提議，3/4 之出席，及出席委員 3/4 之決議，擬定憲法修正案，提請國民大會複決。

2. **議決**：經國民大會代表總額 3/4 之出席，及出席代表 3/4 之決議得修改之。

3. **公布**：總統依法為之。

　　民國 94 年第七次修憲結果，通過廢除國民大會。因此，依《憲法增修條文》第 12 條之規定：「憲法之修改，須經立法委員四分之一之提議，四分之三之出席，及出席委員四分之三之決議，提出憲法修正案，並於公告半年後，經中華民國自由地區選舉人投票複決，有效同意票達選舉人總額之半數，即通過之，不適用憲法第一百七十四條

之規定。」由此可知，目前我國憲法之修改，乃由立法院提案（發動權）；公告半年後，再經公民複決之（決定權）。

三、修憲的界限

至於憲法的修改是否有其界限呢？此一問題，各國憲法規定不一，理論學說亦未見一致。大致上可以分為「修憲無界限說」與「修憲有界限說」兩種基本立場。前者強調憲法應適應政治社會之變遷，且修憲界限僅為道義上的約束而欠缺實效性；後者認為制憲權是依政治力決定並不等同於依憲法所規範的修憲權，因為修憲者的權力是來自於制憲者所定的「憲法」，或至少不能逾越制憲者所定的憲法基本原則，因此修憲時必須遵守一定的界限。

誠如司法院大法官會議釋字第 499 號解釋中所揭示：「國民大會為憲法所設置之機關，其具有之職權亦為憲法所賦予，基於修憲職權所制定之憲法增修條文與未經修改之憲法條文雖處於同等位階，惟憲法中其有本質之重要性而為規範秩序存立之基礎者，如聽任修改條文予以變更，則憲法整體規範秩序將形同破毀，該修改之條文即失其應有之正當性。憲法條文中，諸如：第一條所樹立之民主共和國原則，第二條國民主權原則，第二章保障人民權利，以及有關權力分立與制衡之原則，具有本質之重要性，亦為憲法整體基本原則之所在。基於前述規定所形成之自由民主憲政秩序，乃現行憲法賴以存立之基礎，凡憲法設置之機關均有遵守之義務。」此項解釋即採「修憲有界限說」的主張，而目前我國法學界的通說亦傾向此種論點。

我國憲政發展之概況

📜 2-1 ▷ 我國憲政發展之歷程

1. **憲法大綱（光緒 34 年，1908 年）**：此為未來憲法的基本原則，關於君上大權者 14 條，臣民權利義務者 9 條，其目的顯然是在保障而非限制君權，不但背離近代西方立憲主義的精神，同時這也是中國第一部君主立憲的草案，也使不少人失望（荊知仁，1984：131-133）。

2. **十九信條（宣統 3 年，1911 年）**：採行類似英國的責任內閣制，此為清廷所頒行的唯一憲法，開我國成文憲法之始。

3. **臨時政府組織大綱（1911 年）**：辛亥革命成功之後，由各省代表會議所制定的第一部中華民國臨時憲法，其於政府制度之設計，無不為聯邦總統制之特色；但其制定程序不符民主條件，內容又缺乏人民基本權利條款，為各方所不滿（荊知仁，1984：221-222）。

4. **中華民國臨時約法（民國元年，1912 年）**：採法國式責任內閣制，三權分立。

5. **天壇憲草（民國 2 年，1913 年）**：採內閣制，國會設參眾兩院制；後遭袁世凱以武力解散國會，擱置憲草。

6. **中華民國約法（民國 3 年，1914 年）**：採總統制，又稱「袁世凱約法」或「新約法」。

7. **雙十憲法（民國 12 年，1923 年）**：經憲法會議三讀通過，並於 10 月 10 日宣布，是為中華民國的第一部正式憲法。但因為這部憲法完成於曹錕賄選，自始即未能獲得各方的承認和重視；一般輿論多稱之為「曹錕憲法」或「賄選憲法」（荊知仁，1984：262）。

8. **中華民國訓政時期約法（民國 20 年，1931 年）**：此為我國在訓政（國民政府）時期之根本大法。

9. **五五憲草（民國 25 年，1936 年）**：此為國民黨遵照中山先生遺教精神所擬定的憲法草案，第 1 條規定：「中華民國為三民主義共和國」，論者或以三民主義只是國民黨的主義，不應強全國國民以必從，此恐與民主保障信仰自由之義不合；另於中央體制分別設置總統與五院而設計成五權憲法（荊知仁，1984：420-424）。

10. **政協憲草（民國 35 年，1946 年）**：召開政治協商會議經國共會談確定之後，嗣經各黨派會商決定由各方代表三十八人組成，就五五憲草內容修改成「中華民國憲法草案」，雖然在國民黨堅持下國民大會仍為有形組織但也縮小其職權，此亦成為制憲國大所審議之憲草（荊知仁，1984：438-445）。

2-2　現行憲法之概況

一、中華民國憲法

中華民國憲法於民國 35 年 12 月 25 日，經由制憲國民大會二十六天之審議後決議通過，於民國 36 年 1 月 1 日由國民政府公布，民國 36 年 12 月 25 日施行，全文共計 175 條，分為 14 章。

二、動員戡亂時期臨時條款

此條款於民國 37 年 5 月 10 日制定公布施行，歷經數次修訂，共計有 11 條款，至民國 80 年 5 月 1 日宣告廢止。

（一）臨時條款之制定

中華民國憲法於民國 35 年 12 月 25 日表決通過，並於 36 年 1 月 1 日公布，且於同年 12 月 25 日施行。至民國 37 年 3 月，第一屆國民大會第一次會議開會時，有些國大代表感到，由於憲法制定的時間匆促，加上「政治協商會議」妥協的結果，其中規定頗多不合於國家情勢和時代的需要；尤其當時國共衝突已蔓延各地，國際情勢亦日趨危急，憲法的規定不足以應付緊急的情況，所以有主張修改憲法之論。但是也有另一派的人主張，憲法甫經制定完成即有修改的舉動，恐將損及憲法之尊嚴，尤為少數黨所不願。幾經磋商結果，認為最好的辦法，乃是在暫不變更憲法之範圍內，予政府以臨時應變之權力，俾可適應國家緊急之情勢。於是有國大代表莫德惠等人提議，由國民大會依《憲法》第 174 條第 1 款所規定關於修改憲法之程序，制定動員戡亂臨時條款，使國家得在維護憲政功能之下，同時得以進行戡亂的任務。終通過此提案，並於同年 5 月 10 日公布施行。其主要條款內容為：

「總統在動員戡亂時期，為避免國家或人民遭遇緊急危難，或應付財政經濟上重大變故，得經行政院會議之議決，為緊急處分，不受憲法第三十九條或四十三條所規定程序之限制。

前項緊急處分，立法院得依法第五十七條第二款規定之程序變更或廢止之。」

（二）臨時條款之修訂

1. **第一次之修訂**：民國 49 年 3 月第一屆國民大會第三次會議決議修改臨時條款。其中最主要的目的乃是「動員戡亂時期，總統、副總統得連選連任，不受憲法第四十七條連任一次之限制。」

2. **第二次之修訂**：民國 55 年 2 月召開國民大會臨時會，修訂臨時條款。其中最主要的目的乃是「動員戡亂時期，國民大會得制定辦法，創制中央法律與複決中央法律，不受憲法第二十七條第二項之限制。」以及「國民大會於閉會期間得設置機構，研討憲政有關問題。」

3. **第三次修訂**：民國 55 年 3 月國民大會第四次會議，復將臨時條款加以修訂。其所增訂之項目為「授權總統設置動員戡亂機構，決定動員戡亂有關大政方針，並處理戰地政務。」以及「調整中央政府之行政及人事機構，並得增選補選中央公職人員。」

4. **第四次修訂**：民國 61 年 2 月國民大會第五次會議，增訂臨時條款。其中最重要的是有關「充實中央民意代表機構之規定」，即臨時條款第 6 項之規定。

（三）臨時條款之實施

1. 頒布緊急處分令。

2. 總統任期之彈性調整。

3. 國民大會創制複決兩權行使辦法之制定。

4. 設置憲政研討機構。

5. 成立國家安全會議。

6. 設置行政院人事行政局。

7. 辦理中央民意代表增補及增額選舉。

🔨 三、中華民國憲法增修條文

民國 79 年 3 月國民大會召開會議，利用選舉正副總統的機會，擅自通過自肥擴權的議案，激起全國譁然，更引發臺灣歷來規模最大的「三月學潮」，並提出「解散國民大會、廢除臨時條款、召開國是會議及訂定民主改革時間表」四大訴求。3 月 20 日李登輝總統回應國人殷盼，指示籌備召開國是會議，而國是會議的結論共識，也隨即啟動國家憲政改革的工作。由於國家情勢變遷，兩岸關係邁入新局面，為配合民國 80 年 5 月 1 日動員戡亂時期臨時條款的廢止，並因應現實環境的需要，以確保憲政功能的銜接與正常運作，故須對憲法條文作必要的增修。

憲法增修條文似仿傚美國憲法增修之體例，係不更動憲法本文，而將增修條文附於憲法本文之後。又依增修條文之前言：「為因應國家統一前之需要，依照憲法第二十七條第一項第三款及第一百七十四條第一款之規定，增修本憲法條文如左：」可知增修憲法條文之目的，是為因應國家統一前之需要，至於其依據，則是由國民大會本諸憲法所賦予之修憲職權，依修憲程序增修之。

自 1991 年至 2005 年的十四年間共計修憲七次，平均兩年修憲一次，如此頻繁修憲的程度，在民主體制的剛性憲法國家實屬罕見。至 2022 年採行新的修憲程序所推動的第八次修憲，經立法院通過憲法修正案後，再提交同年 11 月 26 日併地方選舉進行公民複決，卻未達通過票數的門檻而告失敗。歷次修憲時程與主要內容如下述及附表：

（一）第一次修憲

於民國 80 年 5 月 1 日公布施行，共計有增修條文 10 條，由第一屆國民大會所通過(80.4.22)。此大多僅涉及程序或過渡性質之修憲工作（法治斌、董保城，2004：116）；一般稱之為程序修憲。

（二）第二次修憲

　　於民國 81 年 5 月 28 日公布施行，共計有增修條文 8 條（即第 11 條至第 18 條），由第二屆國民大會所通過(81.5.27)；一般稱之為實質修憲。

（三）第三次修憲

　　於民國 83 年 8 月 1 日公布施行，共計有增修條文 10 條（即將前二次增修之 18 條文加以綜合增刪），由第二屆國民大會所通過(83.7.28)；一般稱之為綜合性修憲。

（四）第四次修憲

　　於民國 86 年 7 月 21 日公布施行，共計有增修條文 11 條（即將原增修條文 10 條加以修訂），由第三屆國民大會所通過(86.7.18)。此次修憲內容，主要針對政府體制作了重大變革，且就地方政府層級亦作了所謂「精省／凍省／廢省」的調整；故亦稱作體制修憲。

（五）第五次修憲

　　於民國 88 年 9 月 15 日公布施行，共計有增修條文 11 條（針對第四次增修條文之第 1、4、9、10 條加以增修），由第三屆國民大會所通過(88.9.3)。此次修憲通過的「國大和立委延任案」，經大法官會議以釋字第 499 號解釋為違憲無效(89.3.24)；故亦稱作無效修憲。

（六）第六次修憲

　　於民國 89 年 4 月 25 日公布施行，共計有增修條文 11 條（針對第四次增修條文加以增修），由第三屆國民大會所通過(89.4.24)。此次修憲內容，主要是將國民大會虛級化，相對使立法院職權擴張，另排除部分大法官優遇制度及增訂基本國策之規定。

（七）第七次修憲

於民國 94 年 6 月 10 日公布施行，共計有增修條文 12 條（針對第六次增修條文第 1、2、4、5、8 條加以增修，並增訂第 12 條），由第五屆立法院於民國 93 年 8 月 23 日通過修正案，經公告半年後再由「任務型國民大會」複決通過(89.4.24)。此次修憲內容，主要是廢除國民大會，並修訂立法委員的任期、員額及其選制等。

（八）第八次修憲

於民國 111 年 3 月 25 日第十屆立法委員三讀通過「18 歲公民權」憲法修正案，經公告半年後交付公民複決，此次修憲門檻需達 961 萬 9,697 張同意票才能通過，但在 58.97％的投票率情況下，儘管同意票(5,847,102)高於不同意票(5,016,427)，仍確定無法通過。

◆ 表 2-1　歷次修憲之主要內容表

次別	時間	主要修憲內容
一	80/4	1. 規定第二屆國大代表、立法委員、監察委員之產生方式，奠定國會全面改選的法源。 2. 總統得設國家安全會議及國家安全局。 3. 制定兩岸關係之法律。
二	81/5	1. 調整國民大會之職權，國大代表任期減為四年。 2. 總統、副總統民選且任期減為四年。 3. 監察委員產生方式及其職權之調整。 4. 省長與直轄市長民選。 5. 重視環保生態，以及維護婦女、殘障、山胞之權益等政策入憲。

◆ 表 2-1　歷次修憲之主要內容表（續）

次別	時間	主要修憲內容
三	83/7	1. 國民大會自第三屆起設議長、副議長。 2. 公民直選總統、副總統。 3. 將「山胞」一詞改為「原住民」入憲。
四	86/7	1. 調整政府體制—傾向總統制的雙首長制：行政院院長由總統直接任命，毋需經立法院之同意；立法院得對行政院院長提出不信任案，行政院院長得呈請總統解散立法院；立法院擁有彈劾總統、副總統之提案權。 2. 調整政府層級—精省、凍省、廢省。 3. 取消教、科、文經費下限之規定。
五	88/9	1. 第三屆國大代表與第四屆立法委員之任期分別延長二年餘及五個月。（自肥案） 2. 國大代表以政黨比例代表制產生。 3. 立法委員任期改為四年。 4. 優先編列社會福利支出，並保障退伍軍人權益。 （此次修憲經大法官會議釋字第 499 號解釋為違憲無效）
六	89/4	1. 國民大會虛級化，「任務型」國大代表員額三百人，以比例代表制選出。 2. 立法院職權擴張，確立其單一國會之憲政地位。 3. 排除部分大法官優遇制度。 4. 優先編列社會福利支出，並保障退伍軍人權益。
七	94/6	1. 廢除國民大會，修憲改為公民複決。 2. 立法委員席次減半(225→113)，選舉方式改為單一選區兩票制。 3. 立法委員任期改為四年。 4. 總統、副總統彈劾案改由大法官憲法法庭審理。
八	111/11	中華民國國民年滿 18 歲，有依法選舉、罷免、創制、複決及參加公民投票之權。（修憲結果未通過）

MEMO

憲法的前言
與總綱

📜 3-1　憲法前言的意涵

憲法正文前冠以前言，乃 1787 年美國憲法首開先例，之後各國紛加以仿傚。中華民國憲法前言：「中華民國國民大會，受全體國民之託，依據孫中山先生創立中華民國之遺教，為鞏固國權，保障民權，奠定社會安寧，增進人民福利，制定本憲法，頒行全國，永矢咸遵。」其內容意涵如下：

1. **制憲權力**：全體國民。

2. **制憲機關**：國民大會。

3. **制憲依據**：國父遺教。

4. **制憲目的**：鞏固國權，保障民權，奠定社會安寧，增進人民福利。

5. **制憲期望**：頒行全國，永矢咸遵。

📜 3-2　憲法的總綱

我國憲法的總綱共有 6 條，分別規定國體、主權、人民、領土，以及民族地位與國旗定式，茲分述如下：

🔨 一、國體

《憲法》第 1 條規定：「中華民國基於三民主義，為民有、民治、民享之民主共和國」。此即關於我國國體之規定。國體(form of state)與政體(form of government)有所區別，前者為國家的形式，依國家元首產生之方式來判定。凡國家元首由世襲而來者，稱為君主國體，如英、日；而國家元首由人民選舉產生者，則稱之為共和國體，

如我國、美、法等國。後者是指統治的形態，依國家最終權力之歸屬來判定。凡權力行使由全民意思最終決定者，稱為民主政體；若僅由一人或少數人決定者，則為專制（極權獨裁）政體。我國憲法明定公民直選總統，國家政策法制依多數民意決定；由此可知，我國是採行共和國體與民主政體。

⚖ 二、主權

《憲法》第 2 條規定：「中華民國之主權，屬於國民全體。」是關於主權之規定。有關主權歸屬的學說，包括：（一）君主主權說，為十六世紀時布丹(J. Bodin)被認為是主權概念的創始者，繼之經霍布斯(Thomas Hobbes)闡述所倡；（二）國家主權說，為黑格爾(G. W. F. Hegel)所倡；（三）議會主權說，為奧斯丁(J. Austin)所倡；（四）國民主權說，為盧梭(J. Rousseau)所倡，國民主權乃濫觴於 17、18 世紀自然法思想及國家契約說，而為美國獨立及法國大革命的理論根據，此說較為近代各國所接受。我國憲法乃採國民主權說。

主權一詞主要有三種涵義：（一）國家權力本身之統治權。（二）國家權力最高之獨立性。（三）決定國家意思之最終權力。又主權包含對外主權與對內主權，前者指國家的權力對外擁有其獨立性，後者則指其對內具有最高性。

⚖ 三、國民

《憲法》第 3 條規定：「具有中華民國國籍者，為中華民國國民。」國民、人民與公民之涵義及範圍不同，人民之範圍最廣，國民次之，公民又次之。其涵義區別如下：

（一）人民

指一般之自然人，不以國籍資格為限，在國家領域內，不論本國人或外國人皆屬之。

（二）國民

指具有一國家之國籍的「人」而言，成為該國之屬員。

（三）公民

指具有一定資格之國民，享有國家公法上權利及負擔公法義務。

至於國籍之取得，包括固有國籍與繼受國籍兩種方式：

（一）固有國籍

是指因出生的事實而當然取得國籍，又採用三種不同的標準：

1. 屬人主義（血統主義）。

2. 屬地主義（出生地主義）。

3. 折衷主義（合併主義）。
   (1) 以屬地主義為主，以屬人主義為輔，如美國。
   (2) 以屬人主義為主，以屬地主義為輔，如我國。

（二）繼受國籍

乃是因出生以外的原因而取得國籍，又稱傳來國籍。依民國 110 年修正公布施行之《國籍法》的規定，其方式包括：

1. 一般歸化

《國籍法》第 3 條規定：外國人或無國籍人，現於中華民國領域內有住所，並具備下列各款要件者，得申請歸化：

(1) 於中華民國領域內，每年合計有一百八十三日以上合法居留之事實繼續五年以上。

(2) 依中華民國法律及其本國法均有行為能力。

(3) 無不良素行，且無警察刑事紀錄證明之刑事案件紀錄。

(4) 有相當之財產或專業技能，足以自立，或生活保障無虞。

(5) 具備我國基本語言能力及國民權利義務基本常識。

2. 特殊歸化

《國籍法》第 4 條規定：外國人或無國籍人，現於中華民國領域內有住所，具備前條第一項第二款至第五款要件，於中華民國領域內，每年合計有一百八十三日以上合法居留之事實繼續三年以上，並有下列各款情形之一者，亦得申請歸化：

(1) 為中華民國國民之配偶，不須符合前條第一項第四款。

(2) 為中華民國國民配偶，因受家庭暴力離婚且未再婚；或其配偶死亡後未再婚且有事實足認與其亡故配偶之親屬仍有往來，但與其亡故配偶婚姻關係已存續二年以上者，不受與親屬仍有往來之限制。

(3) 對無行為能力、或限制行為能力之中華民國國籍子女，有扶養事實、行使負擔權利義務或會面交往。

(4) 父或母現為或曾為中華民國國民。

(5) 為中華民國國民之養子女。

(6) 出生於中華民國領域內。

(7) 為中華民國國民之監護人或輔助人。

未婚未成年之外國人或無國籍人，其父、母或養父母現為中華民國國民者，在中華民國領域內合法居留雖未滿三年且未具備前條第一項第二款、第四款及第五款要件，亦得申請歸化。

　　《國籍法》第 5 條規定：外國人或無國籍人，現於中華民國領域內有住所，具備第三條第一項第二款至第五款要件，並具有下列各款情形之一者，亦得申請歸化：

(1) 出生於中華民國領域內，其父或母亦出生於中華民國領域內者。

(2) 曾在中華民國領域內合法居留繼續十年以上者。

　　另外，國籍法並未排斥雙重國籍的存在，只有任公職上的限制；例如：外國人或無國籍人歸化者，不得擔任特定之公職（詳見《國籍法》第 10 條規定），又中華民國國民取得外國國籍者，除特定公職經該管主管機關核准者外，不得擔任中華民國公職（詳見《國籍法》第 20 條規定）。

　　值得注意的是，我國國籍之取得方式，過去採父系血統主義，即以父之國籍為判斷標準，顯為「父權優先」條款的缺失。基於男女平等的原則，民國 89 年初我國已修正《國籍法》第 2 條規定，放寬為「生時父或母為中華民國國籍」，將父系血統主義改為父母雙系血統主義，即外國人娶本國人為妻，其所生子女也可取得我國國籍，且溯及既往於修正施行時未滿二十歲之人，亦適用之。

⚖️ 四、領土

　　《憲法》第 4 條規定：「中華民國領土，依其固有之疆域，非經國民大會之決議，不得變更之。」領土亦為國家構成的要素之一，領土依擴張解釋應包括領陸、領海、領空等；而本國籍航空器與船舶則素有「浮動領土」之稱。

　　至於依憲法此條文之規定，其具有兩方面的意義；一則規定領土之範圍，是中華民國固有之疆域，乃採行所謂的概括主義（相對於列

舉主義）；二則規定領土變更之程序或限制，是必須經國民大會之決議，此種以修憲機關議決領土之變更，係採取所謂的憲法限制主義（相對於法律限制主義）。

民國 94 年的修憲中，為配合國民大會之廢除，乃增列第 4 條第 5 項規定：「中華民國領土，依其固有之疆域，非經全體立法委員四分之一之提議，全體立法委員四分之三之出席，及出席四分之三之決議，提出領土變更案，並於公告半年後，經中華民國自由地區選舉人投票複決，有效同意票過選舉人總額之半數，不得變更之。」可知目前我國領土變更之程序，等同於修憲程序，須先經立法院通過變更案，再提交公民複決之。

另外，所謂「固有疆域」所指究竟為何？向來存有爭議。1993 年立法委員陳婉真等，聲請解釋《憲法》第 4 條關於我國領土範圍的規定，是否包括中國大陸及外蒙古。事實上，外蒙古已於 1945 年公投宣布獨立為蒙古共和國，並於 1961 年加入成為聯合國會員國。至於中國大陸，就政治現實而言，1912 年成立的「中華民國」，領土並不包括臺灣；而「現今之中華民國」並不具有中國大陸的主權，領土當然也不及於中華人民共和國（李惠宗，2001：21）。

依大法官釋字第 328 號解釋：「中華民國領土，憲法第四條不採列舉方式，而為『依其固有之疆域』之概括規定，並設領土變更之程序以為限制，有其政治上及歷史上之理由。其所稱固有疆域範圍之界定，為重大之政治問題，不應由行使司法權之釋憲機關予以解釋。」解釋理由書復指出：「國家領土之範圍如何界定，純屬政治問題；其界定之行為，學理上稱之為統治行為，依權力分立之憲政原則，不受司法審查。」

⚖ 五、民族

　　《憲法》第 5 條規定:「中華民國各民族,一律平等。」我國是屬於複合民族國家,於憲法中規定民族地位平等,顯示我國欲促成民族平等的國家之理想。此外,《憲法》168 條:「國家對於邊疆地區各民族之地位,應予以合法之保障,並於其地方自治事業,特別予以扶植。」也有邊疆少數民族地位平等保障之規定。

　　《憲法增修條文》第 10 條的第 11 款:「國家肯定多元文化,並積極維護發展原住民族語言及文化。」同條的第 12 款:「國家應依民族意願,保障原住民族之地位及政治參與,並對其教育文化、交通水利、衛生醫療、經濟土地及社會福利事業予以保障扶助並促其發展,其辦法另以法律定之。」據此規定,臺灣在民國 85 年以及 90 年,分別在行政院成立「原住民委員會」和「客家委員會」,落實各族群語言與文化的保存及促進相關權益的保障。

⚖ 六、國旗

　　《憲法》第 6 條規定:「中華民國國旗定為紅地,左上角青天白日。」國旗為代表國家的象徵,國際間極為重視。

　　值得一提的是「國都」,中華民國憲法草案原將國都定於南京;在制憲會議中第一審查會表決結果,贊成定都北平者獲最高票,刪除條文不於憲法中規定者次之;復於進行二讀會時,則決定國都問題不入憲。

人民之權利義務

4-1 ▷ 人權理論概述

　　人權的保障，可說是人民對抗國家權力不當行使而取得的權利，因此有關人民權利事項（或稱基本權利），率皆規定於憲法之中。以下就人權的分類、作用及其限制分述之：

⚖️ 一、人權的分類

（一）傳統人權理論的分類

　　近代立憲主義所揭櫫的有限政府(limited government)，即藉由憲法來規範國家權力的行使，以確保人權保障的落實；因此，憲法學者對於傳統人權體系的討論，多著眼於人民權利與國家權力關係的探討，最具代表性的學者應屬耶林涅克(G.Jellinek)所提出的「**地位理論**」，將國民與國家的關係區分為四類及其圖示如下：

1. **被動的地位**：指國民處於服從國家統治的被動地位，即一般所稱的「**義務**」，主要有納稅、服兵役與受國民教育等。

2. **消極的地位**：指國民可以要求國家統治機關不得任意干涉或侵害，而須處於消極不作為的地位，此即人民得以擁有「**自由權**」。

3. **積極的地位**：指國民可以要求國家統治機關應提供福國利民的措施，並且當國民權利遭受侵害而亟待排除時，國家均須處於積極作為的地位，此即人民得以享有權益，稱之為「**受益權**」。

4. **主動的地位**：指國民可選擇處於主動地位，參與國家統治地位的權利，即一般所稱的「**參政權**」，主要有選舉、罷免、創制、複決及應考試服公職等。

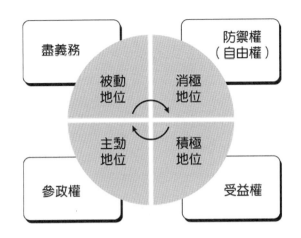

（二）我國憲法對於人民權利之規定

我國憲法對於人權的保障，係採直接保障，即「憲法保障主義」；至於其規定方式，則兼採列舉式與概括式；並以列舉式為主，概括式為輔。前者包括：1.平等權(§7)；2.自由權：人身、居住、遷徙、言論、講學、著作、出版、祕密通信、宗教信仰、集會結社(§8~14)；3.受益權：可分為經濟上、行政上、司法上和教育上等受益權(§15、16、21)；4.參政權：即選舉、罷免、創制、複決(§17)及應考試服公職(§18)；後者則是《憲法》第 22 條所規定：「凡人民之其他自由及權利，不妨害社會秩序公共利益者，均受憲法之保障。」圖示如下：

二、人權的作用

（一）主觀作用

指人民作為權利主體的地位，而得以享有憲法規範下人權的保障；進而人民可以主動向國家提出主張，要求國家不得侵害其權利的「防禦權」，同時也能向國家請求提供給付的「給付請求權」。

（二）客觀作用

指人權的保障具有一「客觀價值秩序」，此價值秩序的決定，也成為政府公權力行使所必須遵守的重要原則；包括下列幾項原則：

1. **國家保護義務**：指人民的基本權利遭受國家以外的第三人之侵害，國家有義務伸出援手採取一定之保護措施。例如：釋字第 445 號解釋文即指出：「…國家為保障人民之集會自由，應提供適當集會場所，並保護集會遊行之安全，使其得以順利進行。…」。

2. **制度性保障**：指在憲法規範下，某些具有一定範疇、任務與目的，國家應建立制度將其具體化並予以保障，不可藉由立法任意剝奪或廢除（法治斌、董保城，2004：140）。例如：釋字第 396 號解釋：「…訴訟權乃人民於其權利遭受侵害時，得訴請救濟之制度性保障，…」；釋字第 380 號解釋：「…關於講學自由之規定，係對學術自由之制度性保障，…」；釋字第 467、550、553 號解釋：「…憲法對地方自治之制度性保障，…」；以及釋字第 554 號解釋：「…婚姻與家庭為社會形成與發展之基礎，受憲法制度性保障，…」。

3. **第三人效力**：指基本權利除了保障人民免受國家公權力侵害之外，尚可對抗社會上經濟優勢集團，以保護弱勢者，進而具有拘束私人行為侵害之效果；例如私人企業要求女性員工結婚或生產必須辭職（單身條款），即可將基本權的價值秩序間接規範於私人間的契約行為，進而適用民事條款，認為屬違反公序良俗之法律行為而無效（《民法》§72）（法治斌、董保城，2004：161；李惠宗，2001：31）。

⚖️ 三、人權的限制

　　儘管基本權利乃是為保障人民免受國家公權力侵害而存在，但是為調和群體秩序與個人自由，或為防止基本權利濫用並維護公共利益，國家在一定條件下，會對基本權利作適當之限制。誠如我國《憲法》第 23 條規定：「以上各條列舉之自由權利，除為防止妨礙他人自由、避免緊急危難、維持社會秩序，或增進公共利益所必要者外，不得以法律限制之。」

　　此條文揭示國家限制人民基本權利，須基於四項「公益目的」，以「法律」之方式，且僅限於「必要」之範圍等要件，始得為之；學說上稱之為「基本權利限制之限制」。茲分別闡述及圖示如下：

（一）採取相對保障主義

　　為兼顧公共利益，政府對於憲法保障人民基本權利的條款，得以法律加以限制。

（二）採取列舉式限制規定

　　即必須基於 1.防止妨害他人自由；2.避免緊急危難；3.維持社會秩序；4.增進公共利益之目的，始得為之。

（三）限制基本權應符合公益原則、法律保留原則以及比例原則

1. **公益原則**：公益重於私利，即對人民自由權利之限制，必須是出於維護前揭四項公益為目的，始具有正當性與合憲性；例如：釋字第 445 號解釋之意涵。

2. **法律保留原則**：即國家政府對人民權利之限制，必須以法律規定為之；誠如《中央法規標準法》第 5 條規定，人民的權利義務，應以法律規定之（立法方式限制）。例如：釋字第 443 號解釋認為，

內政部以「役男出境管理辦法」第八條禁止役男出境之規定，欠缺法律授權之依據，違憲；至遲於屆滿六個月時失效(86/12/26)。簡言之，所謂的「辦法」係屬「命令」與應以「法律」規定為之不符。

3. **比例原則**：本條文揭示「必要」的限度，即為比例原則，又稱之「禁止過當原則」。國家政府對於人民權利之限制，與所欲達成之各項目的間，應有適當而合理的關係。申言之，所為之限制，有助於目的之達成（適合性原則）；對權利之侵害應採取最低限度的手段（最少侵害原則）；而所受之損害不宜超過所維護之公益（損益成比例）；即所謂「不得以大砲打小鳥」或「殺雞焉用牛刀」的要求意涵。例如：釋字第 535、558 及 603 號解釋，均屬違反比例原則之釋例。

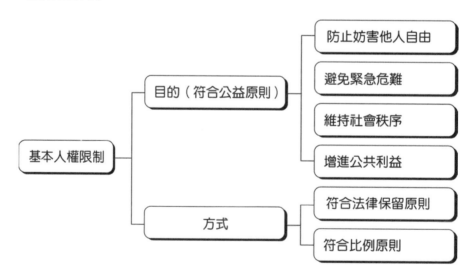

4-2 ▷ 平等權

《憲法》第 7 條規定：「中華民國人民，無分男女、宗教、種族、階級、黨派，在法律上一律平等。」所謂平等是指人民在法律上能享受同等之權利，負擔同等之義務而言；亦即人民不會因為某種原因，而在法律上遭致不公平的對待（陳龍騰等，2010：23）。《行政程序法》第 6 條即規定：「行政行為，非有正當理由，不得為差別待遇。」

值得注意的是，平等原則之理論基礎在於「禁止恣意」，即國家行為必須對相同的事物為相同的對待，不同的事物為不同的對待；換言之，平等原則並非要求不得差別對待，而是要求「不得恣意地差別對待」，如果應區別對待而未區別，亦屬違反平等原則（李惠宗，1998：33-34）。此稱之為「合理的差別對待」理論。

舉例而言，《憲法》規定人民有服兵役之義務(§20)，但《兵役法》僅規定男性皆有服兵役之義務，此種立法（國家行為）顯然對男性與女性造成了差別之待遇；此項差別待遇是否合理？其判斷應取決於該規範所以為差別待遇之目的是否合憲。論者認為服兵役以戰鬥行為為本質，難免傷亡，基於母性生理上之特質，且為維護國民健康，以利種族之繁衍，女性參與戰鬥任務違反保障母性之本質上要求，立法者鑑於男女生理上之差異及因此種差異所生之社會生活功能角色之不同，故男女對服兵役具有差別待遇，係屬本質上合理之措施，並非當然違反憲法保障平等權之意旨。

釋字第 490 號解釋略以：「…服兵役之義務，並無違反人性尊嚴亦未動搖憲法價值體系之基礎，且為大多數國家之法律所明定，更為保護人民，防衛國家之安全所必需，與憲法第七條平等原則之保障，並無牴觸。」

　　誠如釋字第 485 號解釋即指出:「憲法第七條平等原則並非指絕對、機械之形式上平等,而係保障人民在法律上地位之實質平等;立法機關基於憲法之價值體系及立法目的,自得斟酌規範事物性質之差異而為合理之區別對待。」

　　如果事物本質即有「差異」存在,國家除了消極禁止歧視以外,必須有積極優惠待遇,也就是藉由「合理區別調整」來彌補,才能達到實質的平等;比如:身障弱勢者就學與就業的競爭力,事實狀態確有不利的差異存在;為了追求實質平等的正當目的,《身心障礙者權益保障法》明定機關須進用具有就業能力之身心障礙者人數比率;但是這些「優惠性差別待遇」須為社會通念所容許,不能因而產生「逆差別待遇」,而形成一種新的不平等(許慶復,2000:64-65)。例如:《性別平等教育法》第 16 條規定:「學校之考績委員會、申訴評議委員會、教師評審委員會…之組成,任一性別委員應占委員總數三分之一以上。」似已過度干預組織的形成權,恐有侵越大學自治之虞(陳龍騰等,2010:30);也可能造成「逆差別待遇」的現象。

⚖ 一、男女平等

(一)政治上

　　歷經兩次世界大戰後,多數民主國家的男女性才逐漸取得平等的政治權利。我國憲法對於婦女更有特別之保障,例如:《憲法》第134 條:「各種選舉,應規定婦女當選名額…」,以及《憲法增修條文》第 4 條:「立法委員選舉,各政黨當選名單中,婦女不得低於二分之一」等規定。

　　儘管為了矯正社會長期結構性的性別歧視,所造成男女參政比例懸殊的情形,國家採取婦女保障名額的「優惠性差別待遇」,實現追

求實質的平等；但是，近年來隨著兩性教育機會的均等，婦女地位已持續的改善，不少學者提出以「性別比例原則」來取代，以免除可能違反民主原則甚或違憲之疑慮。

（二）經濟上

我國民法的親屬繼承篇的相關條文的訂定與修正，即為落實男女經濟上的平等的法律規範。比如我國夫妻財產制原規定，夫妻離婚時，妻只能取回其原有財產；為貫徹男女平等之原則，民國 74 年 6 月《民法》增訂第 1030 條之 1 規定：「除因繼承或其他無償取得者外，妻自應有雙方剩餘財產平均分配之權利。」另外，第 1138 條有關繼承的規定：也將過去「家產原則上由諸子按人數均分，女兒無繼承權」修正為「子女對父母財產的繼承，擁有相同的權利。」

（三）社會上

依《憲法增修條文》第 10 條第 6 款規定：「國家應維護婦女之人格尊嚴，保障婦女之人身安全，消除性別歧視，促進兩性地位之實質平等。」事實上，臺灣已經陸續制定通過《勞動基準法》、《性別工作平等法》、《性別教育平等法》、《性騷擾防治法》、《性侵害防治法》、《家庭暴力防治法》等法律，確實在促進性別平權有相當的成效。

但是，過去《民法》有關法定婚姻年齡之限制，夫妻之冠姓、住所，以及子女從父姓，子女監護權等規定，嘗有違反男女平等之原則的爭議。民國 83 年司法院釋字第 365 號解釋，針對《民法》第 1089 條「…父母對子女權利之行使意見不一致時，由父行使之。」（修正前），「認定該條文未能兼顧母之立場，而授予父最後決定權，自與男女平等原則相違」；糾正《民法》有關「父權優先」主義之不當。民國 85 年 9 月立法院再完成《民法》親屬篇部分條文之修正，以保障

男女平等權。另外，司法院釋字第 452 號解釋，更進一步宣告《民法》第 1002 條「…妻以夫之住所為住所，…與憲法上平等及比例原則尚有未符。」（修正前），此皆顯示憲法或大法官解釋在兩性平等上的重視。

至於在職業平等方面，過去部分民間企業（如信用合作社）有所謂「單身條款」的規定；以及男女性在職場的薪資待遇，是否依「同工同酬」的原則予以對待？均為社會上男女平權重視之課題。2002 年施行的《性別工作平等法》第 10 條即明定：「雇主對受僱者薪資之給付，不得因性別或性傾向而有差別待遇；其工作或價值相同者，應給付同等薪資。」

2021 年 8 月家樂福以及華航公司，都因為沒有經過工會同意，讓女性員工在夜間工作，分別依違反《勞動基準法》第 49 條第 1 項：「雇主不得使女工於午後十時至翌晨六時之時間內工作。但雇主經工會同意…」之規定遭到裁罰；在窮盡救濟途徑、訴訟確定後爰聲請憲法解釋。案經大法官會議釋字第 807 號解釋宣告：「系爭規定對女性勞工所形成之差別待遇，難認其採取之手段與目的之達成間有實質關聯，更淪於性別角色之窠臼，違反憲法第七條保障性別平等之意旨，應自本解釋公布之日起失其效力。」

⚖️ 二、宗教平等

指人民在法律上，不論是否有宗教信仰也不問信仰任何宗教，均予以同一待遇，不會遭受歧視、壓迫或限制。同時，國家也不得對特定之宗教給予優待或禁制。誠如司法院釋字第 573 號解釋即認定：「寺廟監督條例」規範之對象，僅適用於部分宗教（按指佛、道二教），與憲法上國家對宗教應謹守中立之原則及宗教平等原則相悖。

但以往一貫道從 1946 年傳入臺灣後，因被指意圖推翻政府為國民黨所忌，於 1953 年以「涉及迷信及妨害地方治安」為名查禁，1987 年隨著解嚴才被允許合法立案。據瞿海源教授的研究指出，一貫道的祕密傳教和結社的方式，沖犯了當時政府所強調的安全大忌，且當政者對一貫道的誤解，均是被政府查禁的主要原因。由此可知，現代民主國家遵守「政教分離」原則的重要性。

三、種族平等

即凡國內各民族在法律上均享有相同之權利，負擔同等之義務。近年來，為照顧弱勢族群，促進民族平等，於《憲法增修條文》中分別規定：「國家肯定多元文化，並積極維護發展原住民族語言及文化。」以及「國家應依民族意願，保障原住民族之地位及政治參與，並對其教育文化、交通水利、衛生醫療、經濟土地及社會福利事業予以保障扶助並促其發展，其辦法另以法律定之。」此即具有合理差別待遇的平等意涵。

臺灣是一個多元族群的移民社會，除了一般所稱的原住民（含平埔族）、閩南、客家以及戰後外省等族群之外，近年來國內新移民（或稱新住民）的現象十分普遍，所以對外來族群，也要抱持不歧視並給予平等對待的作法。值得注意的是民國 95 年大法官會議，所作釋字第 618 號解釋：「認定兩岸人民關係條例第 21 條規定，大陸地區人民經許可進入臺灣地區者，非在臺灣地區設有戶籍滿十年，不得擔任公務人員部分，…基於原設籍大陸地區人民設籍臺灣地區未滿十年者，對自由民主憲政體制認識與其他臺灣地區人民容有差異，故對其擔任公務人員資格與其他臺灣地區人民予以區別對待，亦屬合理。」

另外，早在 1994 年修憲時的「原住民」入憲，卻未處理「平埔族」是否認定為原住民的問題；也因此位於臺南的西拉雅平埔族，展開了一連串的行政訴訟。2022 年 10 月大法官憲法法庭公布憲判字第 17 號：「確認《憲法增修條文》第 10 條中規定所保障的原住民族，應包括既存於臺灣的所有臺灣南島語系民族；《原住民身分法》第 2 條所稱原住民的定義性規定，僅指山地原住民及平地原住民，並未及於其他臺灣原住民族，致其原住民族身分未受國家法律所保障，與《憲法》第 22 條保障原住民（族）身分認同權、《憲法增修條文》第 10 條第 11 項及第 12 項前段規定保障原住民族文化等意旨有違。」

⚖ 四、階級平等

指人民不分貧富、職位、貴賤等之差異，在法律上一律平等之謂。在封建時代，往往先天上即已決定的身分階級影響每個人所受待遇，即貴族與平民的階級不平等。傳統社會存在的門當戶對觀念，在臺灣隨著教育普及所形成的社會流動，以及政府相關政策的推動，使得階級不平等能維持相對和緩的現象。

⚖ 五、黨派平等

（一）涵義

1. **政黨平等**：指任何政黨在法律上立於平等之地位，均不得享受任何優待或特權，亦不應受到任何歧視或壓迫。但現行立法委員選舉中，政黨比例代表制 5%的門檻規定是否適切？似仍有討論的空間。

2. **黨員平等**：任何人不論屬於哪一個政黨或是未加入政黨，均不得在公權上享受特別優待或遭受歧視。誠如大法官會議釋字第 340 號解釋中指出：「政黨推薦之候選人，其保證金減半繳納，使得無政黨推薦之候選人，需繳納較政黨推薦候選人為高之保證金，形成不合理之差別待遇，與憲法第七條保障人民之平等權意旨不符。」

　　另外，威權統治時期的臺灣，有關國軍政戰人員之選任，通常是考上預官，以及沒考上預官但是分數不低的大專役男，經原就讀學校教官挑選並推薦，且一定要具有國民黨員身分，得分別遴選為政戰官與政戰士。此種以是否為某種黨籍作為選任政戰人員的標準，顯已違反黨派平等的規定。

（二）憲法上之特殊規定

　　《憲法》及《憲法增修條文》規定，以下人員須超出黨派以外：

1. 「法官須超出黨派以外，依據法律獨立審判，不受任何干涉。」（§80）

2. 「考試委員須超出黨派以外，依據法律獨立行使職權。」（§88）

3. 軍人－「全國陸海空軍，須超出於個人、地域及黨派關係以外，效忠國家，愛護人民。」（§138）「任何黨派及個人，不得以武裝力量為政爭之工具。」（§139）

4. 「監察委員須超出黨派以外，依據法律獨立行使職權。」（憲增修§7）

　　釋字第 748 號解釋理由書曾指出：「憲法第七條明文揭示之五種禁止歧視事由，僅係例示，而非窮盡列舉。是如以其他事由，如身心

障礙、性傾向等為分類標準，所為之差別待遇，亦屬本條平等權規範之範圍。」並宣告：「民法親屬篇婚姻章規定，未使相同性別二人，得為經營共同生活之目的，成立具有親密性及排他性之永久結合關係，顯屬立法上之重大瑕疵。於此範圍內，與憲法第 22 條保障人民婚姻自由之意旨有違。…顯亦非合理之差別待遇。凡此均與憲法第 7 條保障平等權之意旨不符。」

此外，大法官也針對身心障礙及主觀公權利的性質差異等，作出平等原則的釋憲解釋。前者為釋字第 649 號解釋宣告：「身心障礙者保護法第三十七條第一項前段規定：非本法所稱視覺功能障礙者，不得從事按摩業。」與《憲法》第 7 條平等權、第 15 條工作權及第 23 條比例原則之規定不符。（97 年 10 月 31 日）後者則是有法官在審理社會秩序維護法案件，認所應據以適用之《社會秩序維護法》第 80 條第 1 項第 1 款，意圖得利與人姦宿者，處三日以下拘留或新臺幣三萬元以下罰鍰之規定，有牴觸憲法之疑義而聲請解釋。經大法官會議釋字第 666 號解釋認定：「系爭規定以主觀上有無意圖得利，作為是否處罰之差別待遇標準，與上述立法目的間顯然欠缺實質關聯，自與憲法第七條之平等原則有違。」（98 年 11 月 6 日）

至於所謂的「主觀公權利」，是當國家權力作用違反平等原則時，雖具有違法性，但是否有侵害平等權？須另依其他法律規定判斷（李惠宗，1998：40）。大法官會議第 275 號解釋與臺灣高等法院 96 年度交抗字第 283 號交通事件裁定：「遵守法規為每一國民之責任，自亦不得以他人違規行為尚未被取締或有無取締，而執以為自己亦可以不遵守規定之適法理由，亦即人民不得主張『不法之平等』，抗告人以他人亦有違規行為，是否亦有開罰單為抗告，其抗告並非適法之抗告理由，亦無從以此解免其違規之責」。該項裁定是說違規人不能主張「別人未受處罰，所以自己也不應受處罰」。

4-3 自由權

指人民有一定行為的自由，非依法律不受國家公權力的限制或侵犯之消極權利。我國憲法中對於此項人民權利的規定最為詳細。

一、人身自由

指人民的身體，不受國家機關或他人非法侵犯之謂；亦即人民有「身體活動自由」的權利，國家不得非法的逮捕、拘禁，以及加諸在人身上的強制行為（許育典，2016：189）。又稱為「人身不可侵犯權」(inviolability of the person)，此乃為一切自由權的基礎。

我國《憲法》第 8 條對此有詳細的保障規定：「人民身體之自由應予保障，除現行犯之逮捕由法律另定外，非經司法或警察機關依法定程序，不得逮捕拘禁。非由法院依法定程序，不得審問處罰。非依法定程序之逮捕、拘禁、審問、處罰，得拒絕之。」

人民因犯罪嫌疑被逮捕拘禁時，其逮捕拘禁機關應將逮捕拘禁原因，以書面告知本人及其本人指定之親友，並至遲於二十四小時內移送該管法院審問。本人或他人亦得聲請該管法院，於二十四小時內向逮捕之機關提審。

法院對於前項聲請，不得拒絕，並不得先令逮捕拘禁之機關查覆。逮捕拘禁之機關，對於法院之提審，不得拒絕或遲延。

人民遭受任何機關非法逮捕拘禁時，其本人或他人得向法院聲請追究，法院不得拒絕，並應於二十四小時內向逮捕機關追究，依法處理。」

　　此條文所用文字之多，為憲法本文中條文之冠，可見憲法對人身自由保障的重視。尤其是《憲法》第 8 條與其他人權條文有不一樣的規範，前者已於該條文明定之，故可稱之為「憲法保留」原則；後者則只於憲法條文中規定有何基本權利的保障，至於要限制這些權利須以法律定之，因此稱之為「法律保留」原則。茲分述其要點如下：

（一）非經法定機關，不得非法逮捕、拘禁、審問或處罰

　　即對於人民有逮捕、拘禁之權者，為司法或警察機關；有審問、處罰之權者為法院。所以，只有具有司法警察權身分的公務人員，如法官、檢察官、調查局調查官、警察、海巡人員及憲兵等（近年來偶有是否修法取消憲兵的司法警察權之討論），才有權力對人民實施逮捕、拘禁。至於有權力對人民進行審問、處罰者，則只有法院的法官。

（二）非依法定程序，不得非法逮捕、拘禁、審問或處罰

　　即司法或警察機關在行使其逮捕、拘禁、審問或處罰時，須依照刑事訴訟法及相關法規之程序，如傳訊或拘提犯罪嫌疑人，應分別有傳票或拘票；亦即須符合「正當法律程序」(due process of law)。正當法律程序對人身自由在刑事訴訟證據法則上產生一個重要的「毒樹果實理論」：即謂「有毒的樹所結的果不可採食原則」；亦即如果取得證據之初不合法，則該證據就不能被採用，例如以刑求方式或非法竊聽所得的證據或資訊，均不得作為對嫌疑人不利的證據（法治斌、董保城，2004：209）。

　　以往有關「違警罰法」與「檢肅流氓條例」之內容，皆經大法官會議解釋認定與《憲法》第 8 條保障人身自由之本旨有所牴觸。其中關於違警罰法授權警察機關，對於違警行為可裁處拘留、罰役之規

定，是否違反《憲法》第 8 條所作「非由法院依法定程序不得審問處罰」之規定，引起爭議。監察院曾於民國 56 年向司法院提出聲請解釋，但一直到民國 69 年大法官始作成釋字第 166 號解釋：「違警罰法所定由警察官署裁決之拘留、罰役，係關於人民身體自由所為之處罰，應速改為由法院依法定程序為之，以符憲法第八條第一項保障人身自由之本旨。」可惜修法工作遲未完成，至民國 79 年大法官再就同樣問題作成釋字第 251 號解釋，就違警罰法違憲部分，宣告其至遲於民國 80 年 7 月 1 日起失其效力。因此，政府為滿足各方之需求，乃於同時公布實施「社會秩序維護法」，以取代原來之違警罰法。有關拘留、罰役之處罰改由法院之簡易法庭審理。

另外，司法院又於民國 84 年 7 月作成釋字第 384 號解釋：「檢肅流氓條例第六條及第七條授權警察機關得逕行強制人民到案，無須踐行必要之司法程序；第十二條之祕密證人制度，剝奪被移送裁定人與證人對質詰問之權利；第二十一條規定使受刑之宣告及執行者，無論有無特別預防之必要，有再受感訓處分而喪失身体自由之虞，均逾越必要程度，欠缺實質正當，而與憲法第八條保障人民身體自由之意旨不符。」

（三）非有法定原因，不得逮捕、拘禁、審問或處罰

指須人民因犯罪嫌疑，而認為有逮捕拘禁之必要者，始得予以逮捕拘禁。亦即國家發動公權力以限制人身自由，在實質上須具有適當的原因，依「罪刑法定主義」（《刑法》第 1 條：行為之處罰，以行為時之法律有明文規定者為限。）之原則，才能處罰人民；並且應遵守「法律不溯既往」原則。

（四）須於法定時間內移送提審或處理

　　指逮捕拘禁機關，至遲須於 24 小時內移送該管法院審問，本人或他人亦得聲請該管法院，於 24 小時內向逮捕之機關提審，又法院對於人民遭受非法逮捕拘禁之聲請追究時，應於 24 小時內向逮捕拘禁機關追究，依法處理。

　　所謂「提審制度」，是指凡人民被非法逮捕、拘禁者，無論本人或親友得請求司法機關向執行逮捕、拘禁機關，於一定期間內，將被拘捕者提交法院，由法院依法審理，如屬有罪，依法判處，如屬無罪，當即釋放。此制度源自英國在 1679 年通過的「人身保護法」，以救濟非法逮捕而保障人身之自由與安全。

　　《憲法》第 8 條第 1 項前段所稱之「司法機關」是否包括檢察機關？也就是《刑事訴訟法》（修法前）賦予檢察官有羈押被告權，是否違反《憲法》第 8 條第 1 項前段之規定？案經立法委員、審判法官及人權受侵害之當事人，分別向大法官會議提出聲請釋憲。民國 84 年 12 月經司法院大法官會議釋字第 392 號解釋，認定刑事訴訟法賦予檢察官羈押被告等處分權之規定，及《提審法》第 1 條以「非法逮捕拘禁」為聲請提審條件，與《憲法》第 8 條第 2 項規定之意旨均有不符；至遲於屆滿二年時失其效力。因此，自 86 年 12 月起，檢察機關與警察偵查犯罪，雙方必須共用 24 小時，以符憲法之規定；此對人民權利可謂有進一步之保障。

　　人身自由除了《憲法》第 8 條所列的保障規定之外，衍生而生的還有檢警機關對人民的臨檢和約談等行政作為，也可能構成對人身自由的侵害。民國 90 年 12 月司法院大法官會議，針對警察臨檢等行為，是否侵犯人民自由權，作出釋字第 535 號解釋。解釋文指出：「…臨檢實施之手段：檢查、路檢、取締或盤查等不問其名稱為何，

均屬對人或物之查驗、干預，影響人民行動自由、財產權及隱私權等甚鉅，應恪遵法治國家警察執勤之原則。實施臨檢之要件、程序及對違法臨檢行為之救濟，均應有法律之明確規範，方符憲法保障人民自由權利之意旨。…警察人員執行場所之臨檢勤務，應限於已發生危害或依客觀、合理判斷易生危害之處所、交通工具或公共場所為之…；對人實施之臨檢則須以有相當理由足認其行為已構成或即將發生危害者為限，且均應遵守比例原則，不得逾越必要程度。」

　　民國 92 年回應前項大法官解釋，制定通過《警察職權行使法》取代《警察勤務條例》；但是長期以來，警察因欠缺該法第 6 條的「合理懷疑」即進行臨檢盤查，警民爭執層出不窮。2021 年間發生在中壢，一位女音樂老師因不配合巡邏員警無故盤查引發衝突，而遭警壓制並上銬扣留 9 小時，之後女老師向員警提出告訴。2022 年監察院認定：「中壢警分局不當侵害人民自由權利，確有違失，爰依法提出糾正。」此外，本案於 2023 年 1 月法院二審判決結果：員警犯公務員假借職務上之機會強制罪、公務員假借職務上機會剝奪他人行動自由罪，各處有期徒刑 4 月、6 月，僅前者可易科罰金；可上訴。此個案提供警察實施臨檢盤查作為，須確實依據《警察職權行使法》，並應符合《憲法》第 23 條規定不得違背比例原則。

⚖️ 二、不受軍事審判之自由

　　依《憲法》第 9 條規定：「人民除現役軍人外，不受軍事審判。」此乃「司法一元主義」之原則。即只有普通法院，依刑事訴訟法之程序，始能審問或處罰犯罪；此亦為人身自由之保障。因為人民如受軍事審判，必不如司法審判之周密，因此，透過此條文強調人民有不受軍事審判的權利，以強化人身自由之保障。

　　依司法院大法官會議釋字第 436 號解釋：「…本於憲法保障人身自由、人民訴訟權利及第七十七條之意旨，在平時經終審軍事審判機關宣告有期徒刑以上之案件，應許被告直接向普通法院以判決違背法令為理由請求救濟。軍事審判法第十一條，第一百三十三條第一項、第三項，第一百五十八條及其他不許被告逕向普通法院以判決違背法令為理由請求救濟部分，均與上開憲法意旨不符，應自本解釋公布之日起，至遲於屆滿二年時失其效力。…」（86 年 10 月 3 日）此條解釋文揭示了：軍事審判應歸於司法，但僅限於平時時期。雖然與所謂「司法一元化」的原則，仍有所差距，但是對於人身自由以及軍中人權之保障，實有其重要的意義。

　　《軍事審判法》自民國 45 年公布施行以來，經前揭大法官會議解釋後，立法院迄民國 108 年陸續完成六次修正，對軍事審判制度作了重大的變革。其中民國 88 年刪除「國防部為最高軍事審判機關」的規定，軍事法院獨立於部隊軍令系統之外、軍事審判不受軍事指揮官之影響，軍事審判改採三級三審制、終審回歸普通司法體系，廢止不具法官身分的軍官參與審判的制度，並參考司法制度、屬行審檢分立制。民國 102 年 7 月洪仲丘因故遭操練不當致死案件，引發整個臺灣社會的紛紛擾擾，並由「公民 1985 聯盟」號召白衫軍至凱達格蘭大道，提出軍法全面回歸司法等訴求；102 年 8 月 6 日三讀通過修正軍事審判法相關條文，將平時軍事審判與軍事犯罪偵查的權限，全部移往普通法院，唯有在戰時才恢復軍事審判的建制。隨者軍事審判制度的回歸司法院，終落實我國「司法一元主義」的制度。

⚖ 三、居住遷徙自由

　　依《憲法》第 10 條之規定：「人民有居住及遷徙之自由。」此項自由可說是人身自由的延伸，包括居住的靜態自由以及遷徙的動態自由。

（一）居住自由

即人民居住之處所，不受非法侵害之自由，其中居住之處所除房屋主體之外，庭院、陽臺、車庫亦均屬之；其次，暫時居住之旅館房間或露營帳棚亦包括在內，甚至延伸至私人使用之汽車內部。另外，居住自由的範圍，不管是居住處所、營業場所或是工廠，均受到保障。至於不受非法侵害之自由則包括：1.不得無故侵入，2.不得無故搜索，3.不得無故封錮。

（二）遷徙自由

即人民有選擇居住處所之自由，亦包含短期之旅行訪問的行動自由。亦即保障人民有自由遷徙、旅行，包括出境或入境之權利。

人民雖有此等自由，但國家基於公益目的，仍有加以適當管理與限制之必要。例如：戶籍法對遷出入住所須申報登記；依護照條例出國應簽證。依國安法人民出入國境應向警政署入出境管理局申請許可，又該法及其施行細則規定，「關於未在自由地區居住一定期間之（大陸地區）人民，得不許入境。」經司法院釋字第 265 號解釋（79年），認係確保國家安全，維持社會秩序所必要，而不違反憲法第十條之規定。

至於過去有關限制役男出境之規定，司法院大法官釋字第 443 號解釋曾指出：「…限制役男出境係對人民居住遷徙自由之重大限制，兵役法及兵役法施行法均未設規定，亦未明確授權以命令定之。…內政部訂定役男出境處理辦法，欠缺法律授權之依據，該辦法第八條規定限制事由，與前開憲法意旨不符，…」。（86 年 12 月 26 日）此即違反「法律保留原則」。

　　另外，針對「黑名單」人民返鄉權之爭議，司法院大法官釋字第558 號解釋：「憲法第十條規定人民有居住遷徙之自由，旨在保障人民有自由設定住居所、遷徙、旅行，包括入出國境之權利。人民為構成國家要素之一，從而國家不得將國民排斥於國家疆域之外。於臺灣地區設住所而有戶籍之國民得隨時返回本國，無待許可，惟為維護國家安全及社會秩序，人民入出境之權利，並非不得限制，但須符合憲法第二十三條之比例原則，並以法律定之。…國家安全法指人民入出境均應經主管機關之許可，並對未經許可入境者，予以刑罰制裁，違反憲法第二十三條之比例原則，侵害國民隨時返回本國之自由。…」（92 年 4 月 18 日）然而，選舉時所發生的「幽靈人口」問題，實務上被視為「基本權之濫用」，自應加以限制。例如：刑法146 條 2 項規定：「意圖使特定候選人當選，以虛偽遷徙戶籍取得投票權而為投票者，處五年以下有期徒刑。」

🔨 四、意見自由

　　依《憲法》第 11 條之規定：「人民有言論、講學、著作及出版之自由。」此概括稱之為意見自由，又稱表現自由或思想自由。

（一）言論自由

　　指人民在群眾集會或眾人所在之場所，有演說或參加討論以表示個人意見之權利。其具有兩方面的涵義，一為表示意見的自由(freedom of expression)，二為不表示意見的自由(freedom not to speak)。「保障之內容包括主觀意見之表達及客觀事實之陳述。」（釋字 577 號解釋）又保障言論自由須保障其工具之使用自由，亦即首先應保障使用母語的自由（李惠宗，2001：60）。2018 年立法院三讀通過《國家語言發展法》，目標是藉由保障母語的教育權、傳播權與使

用權，讓每個人都能更有自信、有尊嚴地使用自己的母語。另外，人民用某種姿態或動作來表達意見，也是一種言論自由；例如手勢、肢體語言甚或靜坐，都是所謂象徵性的言論，也在保障的範疇（許育典，2016：220-221）。

司法院大法官釋字第 509 號解釋明白揭示：「言論自由為人民之基本權利，憲法第十一條有明文保障，國家應給予最大限度之維護，俾其實現自我、溝通意見、追求真理及監督各種政治或社會活動之功能得以發揮。惟為兼顧對個人名譽、隱私及公共利益之保護，法律尚非不得對言論自由依其傳播方式為合理之限制。…至刑法誹謗之事，能證明其為真實者不罰，…惟行為人雖不能證明言論內容為真實，但依其所提證據資料，認為行為人有相當理由確信其為真實者，即不能以誹謗罪之刑責相繩，…」（89 年 07 月 07 日）

惟面對近年來社會上網路霸凌、假訊息的充斥，引發人民「言論自由」與「名譽權」的拉扯；大法官在釋字第 509 號解釋時隔 23 年後，於憲法法庭作成 112 年憲判字第 8 號判決。

判決主文指出：「刑法第 310 條第 3 項規定：『對於所誹謗之事，能證明其為真實者，不罰。但涉於私德而與公共利益無關者，不在此限。』所誹謗之事涉及公共利益，亦即非屬上開但書所定之情形，表意人雖無法證明其言論為真實，惟如其於言論發表前確經合理查證程序，依所取得之證據資料，客觀上可合理相信其言論內容為真實者，即屬合於上開規定所定不罰之要件。即使表意人於合理查證程序所取得之證據資料實非真正，如表意人就該不實證據資料之引用，並未有明知或重大輕率之惡意情事者，仍應屬不罰之情形。至表意人是否符合合理查證之要求，應充分考量憲法保障名譽權與言論自由之意旨，並依個案情節為適當之利益衡量。於此前提下，刑法第 310 條及第

311 條所構成之誹謗罪處罰規定，整體而言，即未違反憲法比例原則之要求，與憲法第 11 條保障言論自由之意旨尚屬無違。於此範圍內，司法院釋字第 509 號解釋應予補充。」

　　判決書進一步指出，「…基於維護負有多重使命之言論自由，當代民主社會的事實性資訊提供者，無論是媒體或一般人，均應負有一定程度的真實查證義務，而不得恣意散播不實或真假難辨的資訊於眾，助長假新聞、假訊息肆意流竄，導致顛覆自由言論市場的事實根基。況基於明知或重大輕率的惡意而散播假新聞或假訊息，本來就不受憲法言論自由的保障。於言論內容有毀損他人名譽之虞時，表意人就其言論內容之可信性，更應承擔一定程度之真實查證義務，以避免侵害他人名譽權。」（112 年 6 月 9 日）

　　就言論自由而言，我們不僅要保護個人的權利，而且也要保障社會整體的權利。為避免言論自由遭濫用，因此，國家以法律對於言論自由的限制實有其必要性。主要有兩方面：

1. **公益上**：禁止煽惑犯罪，妨害國家安全與社會秩序之言論。

2. **私益上**：禁止侮辱或誹謗他人名譽，足以損害他人私益之言論。

　　關於言論自由限制的審查判準，美國聯邦最高法院曾採用幾項重要原則：

1. **明顯且立即的危險原則**(the clear and present danger test)：此須以言論當時所處的環境及其性質，是否造成明顯而立即之危險來判斷應否予以限制。如聯邦最高法院之判例－美國霍姆斯(Holmes)大法官：「最大的言論自由，也不保障任何人在戲院中有誑呼『失火了！』造成驚慌奔逃的自由。」

2. **雙軌理論**(the two-track theory)：此係對言論自由造成限制效果的政府規制措施區分為：「針對言論內容的規制」或是「非針對言論內容的規制」兩類，分別採取不同的違憲審查標準。「針對言論內容的規制」政府應給予較大的保障和較少的限制，而「非針對言論內容的規制」，即針對言論表達的時間、地點或方式，則可進行較多的限制。我國大法官釋字第 445 號解釋即採行之。

3. **雙階理論**(the two-step theory)：此係將言論內容區分為：「高價值言論」與「低價值言論」兩類，通常違憲審查時，對於低價值言論，主要是商業性、毀謗性、猥褻色情、挑釁煽動等，所受的保護程度較低。我國大法官釋憲案中，也可見到此項理論的運用。例如：釋字第 414 號解釋認為「…藥事法第六十六條第一項規定：藥商刊播藥物廣告時，應於刊播前將所有文字、圖畫或言詞，申請省（市）衛生主管機關核准，旨在確保藥物廣告之真實，維護國民健康，為增進公共利益所必要，與憲法第十一條及第十五條尚屬相符。」又釋字第 577 號解釋指出「…菸害防制法第八條第一項規定：「菸品所含之尼古丁及焦油含量，應以中文標示於菸品容器上。」另同法第二十一條對違反者處以罰鍰，對菸品業者就特定商品資訊不為表述之自由有所限制，係為提供消費者必要商品資訊與維護國民健康等重大公共利益，並未逾越必要之程度，與憲法第十一條保障人民言論自由及第二十三條比例原則之規定均無違背。」以上兩項解釋均屬商業性言論，基於公共利益之維護，應受較嚴格之規範。

（二）講學自由

指人民可藉教育方式，發表並傳播其思想與意見之權利。在司法實務與理論上都將其理解為「學術自由」，保障的範圍應包括：研究

發表、教學與學習、以及設校經營行為等，此即對「大學自治」之保障（東吳公法中心憲法小組，2018：267）。

　　過去教育部曾要求各大專校院須開設特定的共同必修課程，引發違反學術自由的爭議。依司法院大法官會議釋字第 380 號解釋：「…大學課程如何訂定，大學法未定有明文，然因直接與教學、學習自由相關，亦屬學術之重要事項，為大學自治之範圍。…大學法施行細則第二十二條規定：『各大學共同必修科目，由教育部邀集各大學相關人員共同研訂之。』又『各大學共同必修科目不及格者不得畢業』之規定，涉及對畢業條件之限制，均與上開憲法意旨不符，應自本解釋公布之日起，至遲於屆滿一年時，失其效力。」(84/5/26)

　　司法院大法官會議復於民國 87 年 3 月 27 日，再度針對「大學自治」作出釋字第 450 號解釋：「…大學法及其施行細則中，明定大學應設置軍訓室並配置人員，負責軍訓及護理課程之規劃與教學，此一強制性規定，未能顧及大學之自主權限，有違憲法保障大學自治之意旨，應自本解釋公布之日起，至遲於屆滿一年時失其效力。」

　　《憲法》第 11 條關於講學自由之規定，以保障學術自由為目的；為保障大學之學術自由，應承認大學自治之制度。故上開大學法及其施行細則中，強制開設共同必修科目與軍訓護理課程之規定，即違反憲法對於講學自由之保障。

　　前揭釋字第 380 號解釋理由書提及：「教學與學習範疇之事項，諸如課程設計、科目訂定、講授內容、學力評定、考試規則、學生選擇科系與課程之自由，以及學生自治等亦在保障之列。」其中學生選擇科系與課程之自由，則應是指學生的「學習自由」。至於其保障內涵是指選擇學習科系、課程與教師，以及參與討論和表達的自由；但對於入學或修課的條件限制，或是學術研究品質的確保，則並未違反

學習自由（許育典，2016：244）。司法院大法官會議釋字第 563 號解釋即揭示：「憲法第十一條之講學自由賦予大學教學、研究與學習之自由，並於直接關涉教學、研究之學術事項，享有自治權。…為維持學術品質，健全學生人格發展，大學有考核學生學業與品行之權責，其依規定程序訂定有關章則，使成績未符一定標準或品行有重大偏差之學生予以退學處分，亦屬大學自治之範疇；…與憲法意旨並無違背」（92 年 7 月 25 日）。

民國 84 年大法官釋字第 382 號解釋原指出：「…（學校）對學生所為退學或類此之處分行為，足以改變其學生身分並損及其受教育之機會，…受處分之學生於用盡校內申訴途徑，未獲救濟者，自得依法提起訴願及行政訴訟。」至於學校為實現教育目的對學生所作之記過等處分，僅能基於「特別權利關係」循著校內規範進行申訴救濟。

然而釋字第 684 號解釋：「大學為實現研究學術及培育人才之教育目的或維持學校秩序，對學生所為行政處分或其他公權力措施，如侵害學生受教育權或其他基本權利，即使非屬退學或類此之處分，本於憲法第十六條有權利即有救濟之意旨，仍應許權利受侵害之學生提起行政爭訟，無特別限制之必要。」（100 年 1 月 17 日）此項解釋的重要意涵，係將以往大學生與學校所被定位的「特別權利關係」已全面解構，但卻不適用於中、小學生部分。

誠如以下案例：「未成年人張○○原為臺中市立長億高級中學之學生，因其於中華民國 105 年 11 月間叼含香菸，受記小過 1 次之處分；又因無照騎乘機車，於同年 12 月間受記大過 1 次之處分。聲請人不服，循序提起救濟，經臺中高等行政法院裁定、最高行政法院確定終局裁定，均認原處分未對學生憲法上受教育之權利或其他基本權利造成重大影響，依本院釋字第 382 號解釋駁回其訴。」（釋字第 784 號解釋理由書）

直到釋字第 784 號解釋：「本於憲法第十六條保障人民訴訟權之意旨，各級學校學生認其權利因學校之教育或管理等公權力措施而遭受侵害時，即使非屬退學或類此之處分，亦得按相關措施之性質，依法提起相應之行政爭訟程序以為救濟，無特別限制之必要。」（108年 10 月 25 日）至此，只要因為校方的任何措施，致學生遭受到權利之侵害，不會因為學生身分是大學生，或是中小學生而有所不同；均可以依法提起訴願以及行政訴訟，也才真正打開了學生的救濟之門，成為突破「特別權力關係」的重要宣示。

（三）著作自由

依著作權法之定義，著作是指屬於文學、科學、藝術或其他學術範圍之創作。而著作自由則是指人民可藉文字、圖畫、或其他方式，來表達其思想或意見的自由。此項自由權，過去是用以防禦政府對於人民著作自由的不當限制，近年來隨著資訊的流通，其重心已轉向要求國家保障不被他人侵害個人的智慧財產權（許育典，2016：253）。

（四）出版自由

是指將著作加以刊行傳播的自由，但仍得以法律加以限制：

1. **基於國家安全**：如出版品不得有觸犯或煽動他人觸犯內亂罪、外患罪、妨害公務罪，妨害投票罪或妨害秩序罪。

2. **基於社會公益**：如妨害風化罪。

3. **基於保障私人法益**：如刊載不實報導或足以毀損他人名譽之情形。

至於，一般對於出版品的管理方法，大致有兩種類型：

1. **預防制**：係出版品在出版前，須經政府先行管制，又可分為下列四種制度：

(1) 檢查制：出版品在出版發行前，須經政府主管機關檢查核准。

(2) 許可制：出版品須先經許可，領得執照方可出版。

(3) 保證金制：即報刊雜誌在開辦前，須繳納保證金，倘有違法情事則保證金沒收。

(4) 報告制：即在出版前，須先向主管機關報備，以便主管機關注意。

2. **追懲制**：即出版品於出版前，不受任何干涉，僅於出版後發現有違法情事，才依法追訴之。

我國依民國 19 年公布施行之《出版法》，兼採預防制與追懲制；新聞紙及雜誌的發行採預防制之許可制，其他書籍出版品則採追懲制。為符合保障新聞（報導）自由之潮流，民國 88 年 1 月 25 日通過廢止《出版法》。

五、祕密通訊自由

依《憲法》第 12 條之規定：「人民有祕密通訊之自由。」意指人民彼此間藉由各種通訊傳遞或交換資訊的過程，均受到保護；而有不被扣押、隱匿，或非法拆閱及竊知之自由。如《刑法》第 315 條規定：「無故開拆或隱匿他人之封緘信函、文書或圖畫者，處拘役或九千元以下罰金。」又第 315-1 條更進一步規定：「有下列行為之一者，處三年以下有期徒刑、拘役或三十萬元以下罰金：

一、 無故利用工具或設備窺視、竊聽他人非公開之活動、言論、談話或身體隱私部位者。

二、 無故以錄音、照相、錄影或電磁紀錄竊錄他人非公開之活動、言論、談話或身體隱私部位者。」

至於祕密通訊之限制，仍須符合法律保留原則。亦即非有法律授權，不得對通訊內容加以檢查，非有法定理由，不得對他人所知悉之事項，加以刺探傳布甚或監聽。

　　祕密通訊自由衍生為「隱私權」(right of privacy)的保障，隱私乃是人格權的一種，違反隱私權實應包括以下的侵權行為：

1. 侵犯他人生活的寧靜。

2. 宣揚他人私生活的祕密。

3. 使他人處於公眾誤解的地位。

4. 利用他人之特質牟利：此後來演變成所謂的「個人廣告權」(the right of publicity)。

　　我國《憲法》有關隱私權的規定，雖無直接的保障規定，但其中第 12 條：「人民有祕密通訊之自由」，第 10 條：「人民有居住⋯之自由」，以及第 22 條：「凡人民之其他自由及權利，不妨害社會秩序公共利益者，均受憲法之保障。」均具有隱私權保障之意義。

　　司法院釋字第 603 號解釋：「維護人性尊嚴與尊重人格自由發展，乃自由民主憲政秩序之核心價值。隱私權雖非憲法明文列舉之權利，惟基於人性尊嚴與個人主體性之維護及人格發展之完整，並為保障個人生活私密領域免於他人侵擾及個人資料之自主控制，隱私權乃為不可或缺之基本權利，而受憲法第二十二條所保障。⋯指紋乃重要之個人資訊，個人對其指紋資訊之自主控制，受資訊隱私權之保障。而國民身分證發給與否，則直接影響人民基本權利之行使。⋯對於未依規定捺指紋者，拒絕發給國民身分證，形同強制按捺並錄存指紋，以作為核發國民身分證之要件，其目的為何，戶籍法未設明文規定，於憲法保障人民資訊隱私權之意旨已有未合。縱用以達到國民身分證

之防偽、防止冒領、冒用、辨識路倒病人、迷途失智者、無名屍體等目的而言，亦屬損益失衡、手段過當，不符比例原則之要求。戶籍法第八條第二項、第三項強制人民按捺指紋並予錄存否則不予發給國民身分證之規定，與憲法第二十二條、第二十三條規定之意旨不符，應自本解釋公布之日起不再適用。…」(94/9/28)

　　關於基本權利之衝突，即一個基本權主體在行使其權利時，會影響到另一個基本權主體的基本權利之實現。由於憲法所揭示的各種基本權，並沒有特定權利必然優先於另外一種權利的位階關係存在，故在發生基本權衝突的情形時，就必須而且也只能透過進一步的價值衡量，來探求超越憲法對個別基本權保護要求的整體價值秩序。前述新聞自由（言論自由）的主張與隱私權（人格權）的保護，便是典型的基本權衝突問題。德國聯邦憲法法院採用「視情況而定的法益衡量」來解決此種問題，也就是以「具體案例中的法益衡量」來決定，案例中相衝突的法益何者應處於優先地位，此即學界所稱之「最小心的調和原則」或「和諧原則」。比如民主國家賦予新聞自由以確保人民「知的權利」(right to know)，因而往往會產生隱私權保障與人民知的權利兩者之間的衝突，如何尋求其間的平衡，值得我們探討。

　　民國 97 年 7 月間，蘋果日報社記者二度跟追某電腦集團副總及其曾為演藝人員之新婚夫人，並對彼等拍照，經集團副總委託律師二度郵寄存證信函以為勸阻；惟該記者復於同年 9 月 7 日整日跟追，集團副總遂於當日下午報警檢舉；案經臺北市政府警察局中山分局調查，以該記者違反社會序維護法規定為由，裁處罰鍰新臺幣 1500 元。當事人不服，依法聲明異議，嗣經臺北地方法院 97 年度北秩聲字第 16 號裁定無理由駁回，全案確定。爰提釋憲之聲請。

　　釋字第 689 號解釋:「社會秩序維護法第 89 條第 2 款規定,旨在保護個人之行動自由、免於身心傷害之身體權、及於公共場域中得合理期待不受侵擾之自由與個人資料自主權,…新聞採訪者於有事實足認特定事件屬大眾所關切並具一定公益性之事務,而具有新聞價值,如須以跟追方式進行採訪,其跟追倘依社會通念認非不能容忍者,即具正當理由,而不在首開規定處罰之列。於此範圍內,首開規定縱有限制新聞採訪行為,其限制並未過當而符合比例原則,與憲法第十一條保障新聞採訪自由及第十五條保障人民工作權之意旨尚無牴觸。又系爭規定以警察機關為裁罰機關,亦難謂與正當法律程序原則有違。」(100/7/29)

⚖ 六、宗教信仰自由

　　依《憲法》第 13 條之規定:「人民有信仰宗教之自由。」意指人民信仰宗教與否,以及信仰何種正當的宗教,均受憲法的保障。其內涵應包括:

(一) 宗教信仰之自由

　　所謂內在信仰宗教之自由又稱良心之自由,此指信仰宗教或不信仰宗教,或是信仰何種宗教乃至於變更信仰,係屬個人內心之自由,絕對不許公權力強制或介入甚而直接、間接之影響,均應予以禁止。國家對於宗教事務,須擔負「中立性」的義務。例如 1991 年發生於德國一對無神論的夫婦,主張其子女所就讀公立學校教室不應懸掛耶穌受難十字架,否則即侵害其子女的宗教信仰自由。經德國聯邦憲法法院 1995 年判決指出:「除教會學校外,強制教室懸掛十字架是違反宗教自由。」

（二）宗教行為之自由

所謂宗教行為之自由，係指從事與宗教有關之事務，如設置祭壇，進行禮拜或祈禱，實行宗教的儀式或祝典以及其他傳教之自由。我國《刑法》第 246 條第 2 項規定：「妨害喪、葬、祭禮、說教、禮拜者，亦同。」即是對宗教行為自由之法律保護。但宗教行為可能影響公共秩序，或是涉及他人的自由權利，因此，僅受憲法相對之保障，而仍受國家法律之約束（東吳公法中心憲法小組，2018：282-283）。

如以下的案例：2022 年《蘋果》報社接獲北市某國小家長投訴指控，竟有老師在班網上直接引用《聖經》字句，似乎在幫小朋友洗腦，疑似課堂「傳教」。根據《教育基本法》規定，公立學校不得為特定宗教信仰從事宣傳或活動；主管教育行政機關及公立學校亦不得強迫學校行政人員、教師及學生參加任何宗教活動。因此，這名教師的行為，似乎已經違法。(2022/07/23)

（三）宗教組織之自由

係指以宣傳特定宗教，以及共同實行宗教行為為目的，以結成團體之自由，即所謂宗教結社之自由。再者，宗教結社之自由尚包括「創立宗教」之權利在內，以及加入或脫離該宗教團體之自由等均屬之。人民為實現內心之宗教信念而成立、參加之宗教性結社，就其內部組織結構、人事及財政管理應享有自主權，宗教性規範苟非出於維護宗教自由之必要或重大之公益，並於必要之最小限度內為之，即與憲法保障人民信仰自由之意旨有違。（釋字第 573 號解釋理由書）

儘管憲法明定人民有宗教信仰之自由，但仍有其限界。一般而言，內在信仰之自由，係屬於精神與思想之層次，應受絕對之保障；

而由之所派生的宗教行為與結社之自由的保障，則應屬相對性之原則。

　　另外，人民不能因信仰宗教而違背公民責任，比如不能因信仰宗教而要求免除其服兵役的義務。誠如耶和華見證人教徒除了禁止輸血外，也因反對戰爭的立場，不參加跟軍事戰鬥有關的活動；。然而，服兵役是憲法上人民的義務、信仰宗教是憲法上的權利，當憲法上的義務和權利相衝突時，大法官又如何處理呢？司法院大法官會議釋字第 490 號解釋：「⋯服兵役之義務，並無違反人性尊嚴亦未動搖憲法價值體系之基礎，且為大多數國家之法律所明定，更為保護人民，防衛國家之安全所必需，與憲法第七條平等原則及第十三條宗教信仰自由之保障，並無牴觸。」(88/10/1)然而基於「國家保護義務」之考量，我國於民國 89 年起開始實施「社會役」替代兵役，對於因宗教信仰而拒服兵役者，依替代役實施條例及其相關辦法納入替代役之範圍。

⚖️ 七、集會結社自由

　　依《憲法》第 14 條之規定：「人民有集會及結社之自由。」意指人民有自由參加集會並組織社團，不受任何非法侵犯之謂。分述如下：

（一）集會自由

　　依我國集會遊行法之定義，集會是指於公共場所或公眾得出入之場所舉行會議、演說或其他聚眾活動。其類型可分為室內集會或室外集會，室內集會各國多採追懲制，而室外集會則採預防制。

　　解嚴後我國於民國 77 年制定《集會遊行法》，其中較重要的規定如下：

1. 本法所稱主管機關，係指集會、遊行所在地之警察分局。(§3)室外集會、遊行，應向主管機關申請許可。(§8)應於六日前向主管機關申請許可。但因不可預見之重大緊急事故，且非即刻舉行，無法達到目的者，不受六日前申請之限制。(§9)依第九條第一項但書之規定提出申請者，主管機關應於收受申請書之時起二十四小時內，以書面通知負責人。(§12)（採許可制）

2. 集會遊行不得主張共產主義或主張分裂國土。(§4)（屬言論內容之審查，經宣告違憲修法後已不再作事前審查許可）

3. 集會、遊行時，警察人員得到場維持秩序。主管機關依負責人之請求，應到場疏導交通及維持秩序。(§24)（國家保護義務）

4. 集會遊行之不予許可、限制或命令解散，應公平合理考量人民集會、遊行權利與其他法益間之均衡維護，以適當之方法為之，不得逾越所欲達成目的之必要限度。(§26)（須符合比例原則）

　　司法院大法官會議釋字第 445 號解釋，宣告《集會遊行法》部分條文違憲。大法官認為：「集會遊行法第十一條第一款規定違反同法第四條規定者，為不予許可之要件，乃對「主張共產主義或分裂國土之言論」，使主管機關於許可集會、遊行之前，得就人民政治上言論而為審查，與憲法保障表現自由之意旨有違；同條第 2 款規定：「有事實足認為有危害國家安全、社會秩序或公共利益之虞者」第 3 款規定：「有危害生命、身體、自由或對財物造成重大損害之虞者」，有欠具體明確，對於在舉行集會、遊行前，尚無明顯而立即危險之事實狀態，僅憑將來有發生之可能，即由主管機關以此作為集會遊行准否之依據部分，與憲法保障集會自由之意旨不符，均應自本解釋公布之日起失其效力。…同法第九條第一項但書規定：「因天然災變或其他不可預見之重大事故而有正當理由者，得於二日前提出申請」。對此偶

發性集會遊行，不及於二日前申請者不予許可，與憲法保障人民集會自由之意旨有違，亟待檢討改進。」(87/01/23)

民國 97 年間臺大師生，因事起倉促非即刻舉行無法達成目的之緊急集會遊行，乃未經許可率眾至行政院前集會，抗議大陸海協會會長陳雲林來臺所生維安衝突，而違反集會遊行法案件，後引發「野草莓運動」。本案經時任臺北地院陳思帆法官審理，認所適用之集會遊行法相關條文有違憲疑義，聲請解釋。

嗣後經司法院大法官會議釋字第 718 號解釋：「集會遊行法第八條第一項規定，室外集會、遊行應向主管機關申請許可，未排除緊急性及偶發性集會、遊行部分，及同法第九條第一項但書與第十二條第二項關於緊急性集會、遊行之申請許可規定，違反憲法第二十三條比例原則，不符憲法第十四條保障集會自由之意旨，均應自中華民國一○四年一月一日起失其效力。本院釋字第四四五號解釋應予補充。」此項解釋儘管宣布《集會遊行法》中，有關緊急性與偶發性的集會、遊行許可的規定違憲，但並未全面廢除「許可制」而改採「報備制」。

（二）結社自由

結社是指人民因特定目的，而為長期性的結合團體。結社自由權具有集體性自由權之特徵，強調社團內部運作自主性，而不及於社團外部行為（法治斌、董保城，2004：239）。我國從民國 31 年即訂定《人民團體法》，解嚴後人民的集會結社蓬勃發展，為因應社會需求並保障基本權利，至民國 112 年歷經多次修訂，成為人民結社權規範限制的依據。

根據內政部所訂規定，過去人民團體要以臺灣為名稱均受到限制。後經司法院大法官會議釋字第 479 號解釋：「憲法第十四條規定

人民有結社自由，…關於團體名稱之選定，自屬結社自由保障之範圍。對團體名稱選用之限制，亦須符合憲法第二十三條所定之要件，以法律或法律明確授權之命令始得為之。…內政部訂定之『社會團體許可立案作業規定』第四點關於人民團體應冠以所屬行政區域名稱之規定，逾越母法意旨，侵害人民依憲法應享之結社自由，應即失其效力。該規定逾越母法意旨，侵害人民依憲法應享之結社自由，應即失其效力。」(88/04/01)

　　民國 96 年 7 月 15 日新竹市商業會理事長，任期屆滿未完成理監事改選，經新竹市政府以不超過任期滿後 3 個月為限同意延期改選。惟商業會於改選期限屆滿前仍未完成改選，竹市府乃於同年 10 月 15 日函知該會，依《人民團體法》第 58 條規定為限期整理處分，且依《督導各級人民團體實施辦法》第 20 條第 1 項「限期整理者，其理事、監事之職權應即停止，另遴選整理小組進行整理工作。」當事人不服上開限期整理處分，提起行政爭訟，經最高行政法院 99 年判決駁回確定，爰主張系爭規定剝奪人民團體理、監事職權違憲，聲請解釋。

　　司法院大法官會議釋字第 724 號解釋：「內政部發布之督導各級人民團體實施辦法第二十條第一項：『人民團體經主管機關限期整理者，其理事、監事之職權應即停止』規定部分，違反憲法第二十三條法律保留原則，侵害憲法第十四條、第十五條保障之人民結社自由及工作權，應自本解釋公布之日起，至遲於屆滿一年時，失其效力。」(103/08/01)

　　本案以內政部訂頒的實施辦法作為裁處依據，與應以「法律」為之的規定不符；違反憲法法律保留原則。

📜 4-4 ▷ 受益權

　　此乃人民請求國家為一定行為以照顧其生活的權利。憲法上之受益權，包括經濟上、行政上、司法上與教育上四方面，分述如下：

⚖️ 一、經濟上之受益權

　　《憲法》第 15 條規定：「人民之生存權、工作權及財產權，應予保障。」

（一）生存權

　　指國家須保障人民生命不受侵害，同時人民為維持其最低程度之生活條件，延續其生命，得向國家要求予以扶助之權利。故《憲法》保障生存權，實包含「生命權的尊重」與「生活權的保障」（李惠宗，2001：86）。我國《憲法》在基本國策之社會安全條款中亦有所規定，如§153，§155；又《憲法增修條文》中規定國家應推行全民健康保險，政府隨之於民國 84 年起實施，此皆為生存權之保障。

　　有關死刑制度的存廢、墮胎是否合法化以及安樂死的許可等，一直是爭論不斷的議題。關於應否廢除死刑，主張維持死刑制度的一方，認為死刑可將罪大惡極之人與社會永久隔離，並符合社會大眾對正義的要求；而主張廢止死刑制度的一方，則認為刑罰之目的在於「預防主義」，並非「應報主義」，且憲法僅允許國家基於公益理由對基本權加以限制，並不容許對基本權之核心予以剝奪。

　　依司法院大法官會議釋字第 476 號解釋中所揭示：「…肅清煙毒條例第五條第一項：『販賣、運輸、製造毒品、鴉片或麻煙者，處死刑或無期徒刑。』毒品危害防制條例第四條第一項：『製造、運輸、

販賣第一級毒品者，處死刑或無期徒刑；處無期徒刑者，得併科新臺幣一千萬元以下罰金。」其中關於死刑、無期徒刑之法定刑規定，…乃維護國家安全、社會秩序及增進公共利益所必要，無違憲法第二十三條之規定，與憲法第十五條亦無牴觸。」(88/1/29)

關於墮胎合法化問題，涉及到「孕婦身體自決權」與「胎兒生命權保護」之衝突的問題（李惠宗，2001：89 &許育典，2016：289）。對此大多數國家（如德國）通常採取「期限條款」，亦即在一定期限內（通常在三個月內），容許自由墮胎；在一定期限以上（通常在六個月以上），則絕對禁止墮胎；中間三個月到六個月期間須透過專業諮商制度，來加以決定。至於我國依 1984 年施行的《優生保健法》規定，得依其自願，允許有條件施行人工流產；其中有關「因懷孕或生產，將影響其心理健康或家庭生活者」之規定，實質上已完全允許自由墮胎（李惠宗，2001：90）。

至於安樂死許可的問題，是指在阻卻違法之前提，以立法方式在符合一定要件下，為緩和不治瀕死病患的痛苦，積極使其生命提早結束；或是消極地不提供維持生命所必要的給養，讓病患的生命自然結束；此仍涉及個人「尊嚴自主權」與「生命權保護」之衝突的問題（許育典，2016：291）。我國目前針對安樂死仍未許可合法，為尊重末期病人之醫療意願及保障其權益，於 2000 年施行《安寧緩和醫療條例》對於末期病人可選擇拒絕心肺復甦術（插管、心臟按壓、電擊）維生醫療。為尊重病人醫療自主、保障其善終權益，促進醫病關係和諧，2019 年進一步推動《病人自主權利法》（簡稱病主法），由病人（包括：1.末期病人、2.不可逆轉的昏迷、3.永久植物人狀態、4.極重度失智、5.政府公告之重症：「病人疾病狀況或痛苦難以忍受、疾病無法治癒且依當時醫療水準無其他合適解決方法之疾病」）衡量

自我生命價值後，可以自主決定要「接受、撤除、拒絕」維持生命治療或人工營養及流體餵養等，對自己無益的醫療措施，是被認可的人權。

(二) 工作權

　　人民在社會上有選擇適當工作之權利。此工作權係由生存權引申而來，目的在藉工作機會以保障其生活（存）；如《憲法》第 152 條：「人民具有工作能力者，國家應予以適當之工作」。另外，人民於失業之際，可請求國家予以適當就業機會，以維持其生存之權利。憲法所保障之工作自由是「社會價值中立」的，只要所從事的工作活動不會對社會造成傷害，即屬於職業自由保障的範圍；隨著資本主義的發展，形成勞資的對立與矛盾，勞動基本權即是由職業自由所發展而成的社會權概念（許育典，2016：296-297）。我國政府為了保障勞工權益，於民國 73 年 7 月公布施行《勞動基準法》。

　　工作權之內涵，除了要求國家提供工作之機會之外；亦有選擇工作之權，此即所謂「職業自由」；惟仍須受到《憲法》第 23 條之限制。對於職業自由的限制，德國聯邦憲法法院在所謂的「藥房案」，提出了著名的「三階段理論」。第一階段：針對執行職業方面，指應以何種方式或內容來執業的限制，例如規定計程車車身的顏色、特定行業管制標準的限制。第二階段：針對選擇職業自由主觀要件而言，指個人選擇某項職業前，本身應具備之專業能力或資格，包含積極與消極的要件，例如醫師、律師、技師資格的取得，始能執業以維護公共利益。第三階段：針對選擇職業自由客觀要件而言，例如某一地區藥房設置之家數、客運經營之家數的限制等。

　　司法院釋字第 404 號解釋：「憲法第十五條規定人民之工作權應予保障，故人民得自由選擇工作及職業，以維持生計。惟人民之工作

與公共福祉有密切關係，為增進公共利益之必要，對於人民從事工作之方法及應具備之資格或其他要件，得以法律為適當之限制，此觀憲法第二十三條規定自明。…中醫師之醫療行為應依中國傳統之醫術為之，若中醫師以限醫師指示使用之西藥製劑或西藥成藥處方，為人治病，顯非以中國傳統醫術為醫療方法，有違醫師專業分類之原則及病人對中醫師之信賴。…中醫師如使用『限醫師指示使用』之西藥製劑，核為醫師業務上之不正當行為，應依醫師法第二十五條規定論處。」(85/5/24)其中從事工作之方法即是針對執行職業，應具備之資格即是針對主觀要件，其他要件即是針對客觀要件；而本案中醫師因不具有西醫的資格故使用西藥製劑即違法，此乃針對選擇職業自由主觀積極要件，所做的限制。

又如釋字第 510 號解釋，民用航空法授權民用航空局訂定「航空人員體格檢查標準」，對於航空人員之技能、體格或性行，應為定期檢查，經檢查不合標準時，應限制、暫停或終止其執業，均係為維護公眾利益，基於航空人員之工作特性，就職業選擇自由個人應具備條件所為之限制，於憲法保障人民工作權之規定亦無牴觸。

另外，司法院釋字 584 號解釋：「…人民之職業與公共福祉有密切關係，故對於從事一定職業應具備之資格或其他要件，於符合憲法第二十三條規定之限度內，得以法律或法律明確授權之命令加以限制。中華民國八十八年四月二十一日修正公布之道路交通管理處罰條例第三十七條第一項規定：『曾犯故意殺人、搶劫、搶奪、強盜、恐嚇取財、擄人勒贖或刑法第二百二十一條至第二百二十九條妨害性自主之罪，經判決罪刑確定者，不准辦理營業小客車駕駛人執業登記。』乃基於營業小客車營運及其駕駛人工作之特性，就駕駛人個人應具備之主觀條件，對人民職業選擇自由所為之限制，旨在保障乘客

之安全，確保社會之治安，及增進營業小客車之職業信賴，與首開憲法意旨相符，於憲法第二十三條之規定，尚無牴觸。」

本案道路交通管理處罰條例規定駕駛人曾犯特定罪者，不准辦理計程車營業登記；符合《憲法》15 條工作權及 23 條比例原則。此乃針對選擇職業自由主觀消極要件，所做的限制。

司法院釋字第 514 號解釋進一步指出：「人民營業之自由為憲法第十五條工作權及財產權應予保障之一項內涵。有關營業許可之條件，營業應遵守之義務及違反義務應受之制裁，依憲法第二十三條規定，均應以法律定之，教育部發布之遊藝場業輔導管理規則，係主管機關為維護社會安寧、善良風俗及兒童暨少年之身心健康，…固有其實際需要，惟該規則…關於電動玩具業不得容許未滿十八歲之兒童及少年進入其營業場所之規定，違反規定者，撤銷其許可之規定，涉及人民工作權及財產權之限制，…有違憲法第二十三條之法律保留原則，應不予援用。」

（三）財產權

指人民對於自己所有之財產，在法令容許的範圍內，有自由使用、收益、處分之權利。如《憲法》第 143 條中規定：「人民依法取得之土地所有權，應受法律之保障與限制。私有土地應照價納稅，政府並得照價收買。」又如《憲法》第 145 條：「國家對於私人財富及私營事業，認為有妨害國計民生之平衡發展者，應以法律限制之。」由此可知憲法對財產權的保障，係從所有權的保護與權能，趨向所有權的社會化，採取相對保障並強調社會責任。

司法釋字第 400 號解釋嘗明示：「…既成道路符合一定要件而成立公用地役關係者，其所有權人對土地既已無從自由使用收益，形成

因公益而特別犧牲其財產上之利益，國家自應依法律之規定辦理徵收給予補償，方符憲法保障財產權之意旨。」

　　財產權不僅具有權利性，同時也具有義務性；亦即財產權人行使其財產權時應有助於公共利益（法治斌、董保城，2004：256）。例如89年間某婦人於其所有之騎樓設攤製造販賣月餅，經當時的臺北縣警察局板橋分局，以違反《道路交通管理處罰條例》第82條第1項第10款在公告禁止設攤之處擺設攤位之規定舉發。當事人不服提聲明異議及提起抗告，皆遭駁回確定。因認有違《憲法》第23條之疑義，又該裁定發生疑義，爰聲請大法官解釋。

　　司法院釋字第564號解釋則指出：「人民之財產權應予保障，憲法第十五條設有明文。惟基於增進公共利益之必要，對人民依法取得之土地所有權，國家並非不得以法律為合理之限制。道路交通管理處罰條例第八十二條第一項第十款規定，在公告禁止設攤之處擺設攤位者，主管機關除責令行為人即時停止並消除障礙外，處行為人或其雇主新臺幣一千二百元以上二千四百元以下罰鍰，就私有土地言，雖係限制土地所有人財產權之行使，然其目的係為維持人車通行之順暢，且此限制對土地之利用尚屬輕微，未逾越比例原則，與憲法保障財產權之意旨並無牴觸。…該條例第三條第一款所稱騎樓既屬道路，其所有人於建築之初即負有供公眾通行之義務，原則上未經許可即不得擺設攤位，是主管機關依上揭條文為禁止設攤之公告或為道路擺設攤位之許可，…」

　　騎樓通道建造係為供公眾通行之用者，所有人雖不因此完全喪失管理、使用、收益、處分之權能，但其利用行為原則上不得有礙於通行，道路交通管理處罰條例第三條第一款即本此而將騎樓納入道路管制措施之適用範圍。…再鑑於騎樓所有人既為公益負有社會義務，國

家則提供不同形式之優惠如賦稅減免等，以減輕其負擔。從而人民財產權因此所受之限制，尚屬輕微，自無悖於憲法第二十三條比例原則之要求，亦未逾其社會責任所應忍受之範圍，更未構成個人之特別犧牲，難謂國家對其有何補償責任存在，與憲法保障人民財產權之規定並無違背（本解釋文理由書）。

在臺灣占用騎樓的情形至為普遍，不僅有礙市容也影響公共安全，常招致民眾的訴病也迭生財產權的爭議。政府應釐清何種騎樓適用《道路交通管理處罰條例》第 3 條道路之範圍，而受到第 82 條之處罰規定；也應提出各縣市一致性的配套措施，如合法性、減稅優惠、設計不會影響通行的規範，再透過有效管理及執行的方式，以積極作法減少紛爭弭平民怨。

⚖ 二、行政上之受益權

《憲法》第 16 條規定：「人民有請願、訴願及訴訟之權。」此項規定與《憲法》第 24 條國家賠償制度的規定，是人民維護其權利，提起權利救濟的保障條文。其中請願、訴願為行政上之受益權，而訴訟則可稱為司法上的受益權。

（一）請願權

指人民對國家政策、公共利益或為個人權益之維護，得向職權所屬之民意機關或主管行政機關，提出改善請求、陳述其願望的權利。我國於民國 43 年制定《請願法》，並於民國 58 年修訂，依現行《請願法》第 6 條之規定，集體請願應推代表為之，其名額不得超過十人。另外，《行政程序法》第 7 章訂有「陳情」專章，規定人民對於行政措施的建議、行政違法的舉發、行政權益的維護，得向主管機關陳情。

（二）訴願權

　　指人民對於行政機關之行政處分，認為有違法或不當，致其權益受損時，得向管轄權或上級監督的機關請求補救之權利。訴願救濟請求權之行使，《訴願法》訂有詳細之規定。值得一提的是，從行政訴訟法的規定，可知我國原則上係採「訴願前置主義」；即提起行政訴訟前，須先經訴願程序以解決爭議。

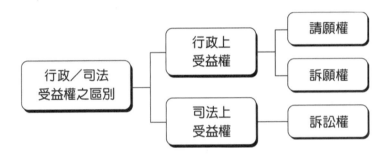

三、司法上之受益權

　　依《憲法》第 16 條後段之規定，人民有訴訟之權；按此司法上的受益權，係指人民各種權益受侵害時，得分別提起民事、刑事與行政訴訟的權利。分述如下：

（一）民事訴訟權

　　人民請求國家保護其私權所為之訴訟。

（二）刑事訴訟權

　　人民請求國家處罰犯罪者所為之訴訟。

（三）行政訴訟權

人民因行政機關之違法或不當處分，致損害其權利時，經提起訴願，而不服其決定時，或提起訴願逾三個月不為決定時，得向行政法院請求救濟。

◆ 表 4-1　請願、訴願、與行政訴訟之比較

	請願	訴願	行政訴訟
條　件 （事由）	人民對於國家公共政策或其權益之維護，均可向職權所屬之民意機關或主管行政機關請願。	須政府機關之違法或不當處分，致損害人民之權利或利益時，得提起訴願。	須政府機關之違法行政處分，須經訴願而不服其決定，或提起訴願，逾三個月不為決定時，始得提起行政訴訟。
受理機關	職權所屬之民意機關或主管行政機關。	原處分機關之上級機關，或為原處分機關本身。	行政法院審理。
當事人	任何人均得為請願之當事人。	須為受有損害之當事者本人。	須當事者本人。
法定期限	並無法定期間之限制。	應自行政處分達到之次日起，三十日內為之。	應於訴願決定之次日起，兩個月內為之。
效　果	受理請願機關對請願事項有採納與否的自由，惟應將結果通知請願人。	接受訴願機關必須予以決定；並作成決定書送達訴願人及原處分機關。	行政法院必須本於言詞辯論為裁判；並作成判決書。

（四）選舉訴訟權

指選民就選舉法或候選人當選違法，向普通法院提起之訴訟。其要點：

1. 選舉訴訟包括：(1)選舉無效：因選舉之違法舞弊，以選務機關為被告。(2)當選無效：因當選人資格或票數不實，以及有其他違法情事，以當選人為被告。

2. 選舉訴訟由普通法院審判之。

3. 選舉無效應於當選名單公告之日起 15 日內，提起無效之訴。

4. 選舉訴訟以二審為終結。

四、教育上之受益權

依《憲法》第 21 條規定：「人民有受國民教育之權利與義務。」又依《憲法》第 160 條第 1 項規定：「六歲至十二歲之學齡兒童，一律受基本教育，免納學費。…」我國於民國 57 年更公布施行《九年國民教育實施條例》，之後於民國 68 年公布實施《國民教育法》，民國 71 年修正通過《強迫入學條例》，明定 6 歲至 15 歲國民（適齡國民）之強迫入學；民國 88 年公布實施《教育基本法》，揭示保障人民學習及受教育之權利；均為對此項權益所作之保障性的規範。

4-5 參政權

此乃人民立於主動的地位，參與國家統治權行使的權利。又參政權並非人人皆可享有，而是須具備一定條件的公民才可行使，故亦稱

之為公民權。至於公民權的年齡，各國規定不一，有主張 18 歲，亦有認為須年滿 20 歲者。事實上，歐美國家在 1960 年代之後，大多已將公民年齡調降為 18 歲。根據 2022 年 11 月的統計，世界上採 18 歲有公民權的國家已超過 150 國，而以 20 歲有公民權的國家僅有 5 國。我國《憲法》第 130 條規定：「中華民國國民年滿二十歲者，有依法選舉之權，…」1996 年第三屆國民大會，民進黨籍國代首先提出降低公民權年齡的修憲主張；儘管有部分國民黨及新黨的國代，表示支持此項修憲議題，但當時占有多數席次的國民黨則強調暫不修憲的立場，因此最後仍無疾而終。迄至 2022 年 11 月 26 日的九合一大選，同時舉行 18 歲公民權的修憲複決投票，此為臺灣首次公民複決。開票結果同意票數未跨過門檻，修憲案無法通過。

至於我國《憲法》條文中有關參政權之規定，包括第 17 條的選舉、罷免、創制、複決，以及第 18 條的應考試服公職兩種；茲分述如下：

⚖ 一、選舉、罷免、創制、複決四權

《憲法》除了在第 17 條宣示人民有行使此四項政權的權利之外，復於第 12 章以專章規定之。我國目前關於選舉、罷免兩權之行使，已分別規定於各種有關法規之中；至於創制、複決兩權之行使，以法律定之(§136)。

（一）選舉

1. 選舉方法

依《憲法》第 129 條規定：「本憲法所規定之各種選舉，除本憲法別有規定外，以普通、平等、直接及無記名投票之方法行之。」因

此，除憲法原條文中所規定總統、副總統及監察委員係採間接選舉之外，我國選舉原則上採行普通、平等、直接及無記名的方法。其次尚有自由投票與強制投票，以及單記投票與連記投票等方法。

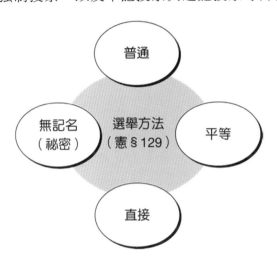

2. **選舉制度**

(1) 小選區制（單一選區制）

此制度是指一個選舉區，只選出單一名額當選人的投票制度。如縣（市）長，鄉鎮（市）長及村里長選舉，以及修憲後的區域立法委員選舉，即採用此一制度。由於小選區制的當選人必須得到該選區多數票，因此小黨候選人不易獲勝，常形成兩黨制。

(2) 大選區單記投票制（複數選區制）

此制度是指一個選區可選出數個當選名額，但選民只能投一票。如憲法原條文與臨時條款的立法委員和國大代表，以及地方的省（市）議員，縣（市）議員及鄉鎮（市）民代表選舉原則上均屬之。此制可使小黨及有影響力的無黨派人士有當選的可能，大黨為求當選率的提高必須注重組織性的配票，有時選民在賄選的情況下，亦有分票的現象。

(3) 政黨比例代表制

此制度是依各別政黨在選舉中的得票比率來分配當選席次，如現行立法委員選舉的全國不分區及僑選立法委員，即採政黨比例方式選出之。依我國選罷法之規定：「各該政黨之得票率未達 5%以上者，不予分配當選名額」。此制使得小黨或剛成立尚未發展為全國性組織的政黨，所推薦的候選人幾無當選機會。

2008 年制憲聯盟及綠黨認為，立法委員選舉採「單一選區兩票並立制」、政黨比例代表席次及政黨門檻等規定，違反國民主權原則，侵害平等選舉原則暨平等權、參政權之保障，聲請解釋。經司法院大法官釋字第 721 號解釋：「憲法增修條文第四條第一項及第二項關於單一選區兩票制之並立制、政黨比例代表席次及政黨門檻規定部分，並未違反現行憲法賴以存立之自由民主憲政秩序。公職人員選舉罷免法第六十七條第二項關於並立制及政黨門檻規定部分，與上開增修條文規定內容相同，亦不生牴觸憲法之疑義。」（103 年 06 月 06 日）

3. 選舉權之要件

(1) 積極要件：國籍、年齡 20 歲、居住 4 個月以上。

(2) 消極要件：須無受監護宣告尚未撤銷者。

至於被選舉權之年齡，至少須年滿 23 歲。而依憲法或法律規定者，如總統、副總統須年滿 40 歲，直轄市長、縣（市）長候選人須年滿 30 歲；鄉（鎮、市）長、原住民區長候選人須年滿 26 歲。

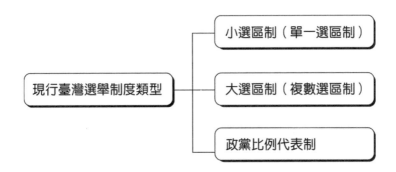

4. 選舉制度改革之議

　　過去實施於全臺灣各級民意代表的選舉制度，乃是依循 1935 年日據時期臺灣首次舉行的市議會議員及街庄協議員選舉，此制度即稱之為「複數選區單記非讓渡投票制」（single nontransferable vote under multi-member district system，簡稱 SNTV-MMD）

　　依照過去臺灣實施複數選區非讓渡投票制的經驗顯示，學者（如王業立教授）嘗指出此制有以下之缺失：

(1) 政黨提名的派系化：政黨為求勝選，往往必須考量地方派系的支持度，且競選過程中的黨內競爭可能比黨際競爭更為激烈，此種選舉恩怨或利益衝突，往往便是臺灣地方派系產生的重要因素之一；而單記非讓渡投票制對於地方派系的形成與強化，至少具有推波助瀾之效。

(2) 政治生態的惡質化：在此種制度下，選人的因素往往重於選黨的因素，這也是臺灣選民「政黨認同」的比例始終偏低的重要因素之一。而走偏鋒、甚至買票賄選也成為此制度下常見的競選手段。由於個人的當選既然不太依賴政黨的標籤，其結果往往造成黨紀不彰且議事效率低落。

由於複數選區單記非讓渡投票制的確存在著太多的缺失，弊遠多於利，因此原本即鮮有國家施行，在韓國與日本相繼揚棄之後，我國已成為絕無僅有施行此制的國家。隨著選舉制度改革的呼聲在國內逐漸升高，幾個主要的政黨對於選舉制度改革的必要性，也有相當程度的共識，朝向「單一選區」、「兩票制」的方向改革。其中單一選區制，不但有利於政治訴求的中庸化，縮減政治極端言論的生存空間；同時政黨也可以發揮較大的擇才功能及黨紀約束。至於兩票制則可改善目前一票制的投票方法、將區域選舉的投票結果依比例轉換為比例代表名額、無非是把選民對候選人的投票等同於對政黨的投票、根本悖離比例代表制的本意。2005 年所推動的第七次修憲，終於通過將立法委員選舉，改採單一選區兩票制。

（二）罷免

罷免權的行使，旨在補救選舉制度的缺失，除依《憲法》第 133 條「被選舉人得由原選舉區依法罷免之」的規定外，另依《選舉罷免法》尚有其行使上之限制。

1. **地區之限制**：如前述憲法「被罷免人得由原選舉區依法罷免之」的規定，似應僅適用於單一選區制。可是在採複數選區制的民意代表選舉，若一選區中有多數當選人，該選區的選民卻對某一民意代表行使罷免權，恐造成法理上之爭議。如 1994 年，臺北縣成立罷免四位支持興建核能電廠的立法委員案例；又如 2018 年黃捷在鳳山選區八席市議員席次獲得當選，卻在 2021 年初面臨全選區選民對他行使罷免權，儘管未通過罷免，仍顯現制度的不周延。

2. **時間之限制**：依公職人員選罷法規定，公職人員就職未滿一年者，不得被提議罷免。又依總統、副總統選罷法（93/4/7 修正）亦規定，就職未滿一年者，不得罷免。

3. **對象之限制**：全國不分區及僑居國外國民選舉之當選人，因係經政黨比例代表制選舉產生，選民投票是選政黨而非候選人，故不適用罷免之規定。此經司法院釋字第 331 號解釋：「與憲法並無牴觸，惟此種民意代表如喪失其所由選出之政黨黨員資格時，自應喪失其中央民意代表之資格，方符憲法增設此一制度之本旨」。

4. **人數之限制**：
   (1) 提案人數：原選區選民數的 1%。
   (2) 連署人數：原選區選民數的 10%。
   (3) 投票結果：有效同意票數多於不同意票數，且同意票數達原選舉區選舉人總數四分之一以上，即為通過。

（三）創制與複決

憲法關於創制與複決之規定，包括《憲法》第 27 條第 2 項：「關於創制複決兩權，…俟全國有半數之縣市曾經行使創制複決兩項政權時，由國民大會制定辦法並行使之。」《憲法》第 123 條前段：「縣民關於縣自治事項，依法律行使創制、複決之權…」，以及《憲法》第 136 條：「創制複決兩權之行使，以法律定之。」《憲法》第 27 條有其無法施行的困境，《憲法》第 136 條則是立法者對制定相關法律的怠惰。依司法院釋字第 645 號解釋所示，《憲法》第 17 條關於人民有創制及複決之權，乃公民投票制度之憲法基礎；而《憲法》第 136 條關於：「創制、複決兩權之行使，以法律定之。」之規定，則為立法機關制定公投法之憲法依據。迄至 2003 年 12 月立法院終於通過《公民投票法》，儘管至 2019 年歷經五次的修訂，仍有待進一步使其更貼近直接民權保障的意旨。

二、應考試及服公職權

　　應考試是指人民具有法律所定應考資格者，均得參加國家考試之權利。至於所謂服公職之權，則是指人民有依法令擔任公職的機會。而所謂的「公職」，依司法院大法官會議釋字第 42 號解釋：「凡各級民意代表，中央與地方機關之公務員，及其他依法令從事於公務者皆屬之。」另外，再依司法院釋字第 546 號解釋理由書澄清：「人民依憲法規定有應考試、服公職之權。其中應考試之權，係指具備一定資格之人民，有報考國家所舉辦公務人員任用資格暨專門職業及技術人員執業資格考試之權利；服公職之權，則指人民享有擔任依法進用或選舉產生之各種公職、貢獻能力服務公眾之權利。」可知應考試與服公職是兩種不同的權利（許育典，2016：331）。

4-6 　其他概括基本權

　　《憲法》第 22 條規定：「凡人民之其他自由及權利，不妨害社會秩序公共利益者，均受憲法之保障。」此即為概括式的基本權保障條款。概括基本權的規定具有補充的功能，不僅可以彌補列舉式人權規定的遺漏，同時也有利於人權的創新；而新人權承認應考量以下幾項因素：1.歷史正當性、2.普遍性、3.公共性、4.人格自我實現的必要性（許育典，2016：354）。茲就相關的大法官解釋列舉如下：

一、隱私權

　　釋字第 603 號解釋明白揭示隱私權乃為不可或缺之基本權利，而受《憲法》第 22 條所保障。「隱私權雖係基於維護人性尊嚴與尊重人格自由發展而形成，惟其限制並非當然侵犯人性尊嚴。憲法對個人資

訊隱私權之保護亦非絕對，國家基於公益之必要，自得於不違反憲法第二十三條之範圍內，以法律明確規定，強制取得所必要之個人資訊。…而為確保個人主體性及人格發展之完整，保障人民之資訊隱私權，國家就其正當取得之個人資料，亦應確保其合於目的之正當使用及維護資訊安全，故國家蒐集資訊之目的，尤須明確以法律制定之。」（釋字第 603 號解釋理由書）

⚖ 二、人格權

釋字第 644 號解釋指出：「憲法第二十二條保障少年人格權之意旨」。此包含（一）姓名權，如釋字第 399 號解釋：「姓名權為人格權之一種，人之姓名為其人格之表現，故如何命名為人民之自由，應為憲法第二十二條所保障。」（二）性行為自由，如釋字第 554 號解釋：「性行為自由與個人之人格有不可分離之關係，固得自主決定是否及與何人發生性行為，惟依憲法第二十二條規定，於不妨害社會秩序公共利益之前提下，始受保障。是性行為之自由，自應受婚姻與家庭制度之制約。」（三）確認血統來源之權利，如釋字第 587 號解釋：「子女獲知其血統來源，確定其真實父子身分關係，攸關子女之人格權，應受憲法保障。」（四）收養子女自由，如釋字第 712 號解釋理由書：「人民收養子女之自由，攸關收養人及被收養人之人格自由發展，應受憲法第二十二條所保障。」

⚖ 三、結婚權

釋字第 748 號解釋：「民法第 4 編親屬第 2 章婚姻規定，未使相同性別二人，得為經營共同生活之目的，成立具有親密性及排他性之永久結合關係，於此範圍內，與憲法第 22 條保障人民婚姻自由及第

7 條保障人民平等權之意旨有違。」即適婚人民而無配偶者，本有結婚自由，包含「是否結婚」暨「與何人結婚」之自由（本院釋字第 362 號解釋參照）。該項自主決定攸關人格健全發展與人性尊嚴之維護，為重要之基本權，應受憲法第 22 條之保障。（釋字第 748 號解釋理由書）

⚖ 四、契約自由權

釋字第 576 號解釋：「契約自由為個人自主發展與實現自我之重要機制，並為私法自治之基礎，…亦屬憲法第二十二條所保障其他自由權利之一種。」

📜 4-7　自由或權利受侵害之救濟

《憲法》第 24 條規定：「凡公務員違法侵害人民之自由或權利者，除依法律受懲戒外，應負刑事及民事責任。被害人民就其所受損害，並得依法律向國家請求賠償。」我國依此於民國 69 年 7 月制定公布《國家賠償法》，並於民國 70 年 7 月施行。其要點如下：

⚖ 一、賠償事由

1. 公務員於執行職務行使公權力時，因故意或過失不法侵害人民自由或權利者，國家應負損害賠償責任。公務員怠於執行職務，致人民自由或權利遭受損害者亦同。

2. 公共設施因設置或管理有欠缺，致人民生命、身體、人身自由或財產受損害者，國家應負損害賠償責任。

⚖ 二、賠償主體

以國家為賠償主體，以有關機關為賠償義務機關。

⚖ 三、賠償方法

以金錢賠償為原則，以回復原狀為例外。

⚖ 四、賠償程序

應先以書面向賠償義務機關請求賠償，義務機關對於前項請求，應即與請求權人協議；若協議不成，請求權人得提起損害賠償之訴。

⚖ 五、賠償時效

賠償請求權，自請求權人知有損害時起，因二年間不行使而消滅；自損害發生時起，逾五年者亦同。

📜 4-8 　人民之義務

我國憲法規定人民之義務有三：

一、　人民有依法律納稅之義務(§19)。

二、　人民有依法律服兵役之義務(§20)。

三、　人民有受國民教育之權利與義務(§21)。本條為特殊規定，受國民教育不但是權利也是義務。

憲法明定人民有前述三項義務，除此之外，關於全民健保法就強制納保、繳費及加徵滯納金之規定是否違憲？曾引發爭論。司法院釋

字第 472 號解釋：「全民健保法第十一條之一、第六十九條之一及第八十七條有關強制納保、繳納保費，係基於社會互助、危險分攤及公共利益之考量，符合憲法推行全民健康保險之意旨；同法第三十條有關加徵滯納金之規定，則係促使投保單位或被保險人履行其繳納保費義務之必要手段。全民健康保險法上開條文與憲法第二十三條亦無牴觸。惟對於無力繳納保費者，國家應給予適當之救助，不得逕行拒絕給付，以符憲法推行全民健康保險，保障老弱殘廢、無力生活人民之旨趣。」

總　統

📜 5-1 ＞ 政府體制的類型

民主國家的政府體制，依照國家最高行政權的歸屬而有以下的類型；主要有內閣制、總統制及委員制等；其次亦有所謂折衷制（混合制）。茲簡述如下：

⚖ 一、內閣制(cabinet system, parliamentary system)

以英國為代表，其特徵為：

（一）虛位元首

即擁有名位而無實權的元首，其名位為國家的象徵，而所謂沒有實權，則是指其不負推行政策的任何責任，各種政策由內閣會議決定，且國會通過的法律雖由元首簽署公佈，但須經閣揆及相關閣員副署，故內閣負實際行政責任。英國即維持著「王無誤」(king can do no wrong)的原則。

（二）內閣對國會負責

因內閣是由國會中之眾議院多數黨的領袖擔任閣揆，其他閣員由閣揆提請元首任命，故須集體向國會負連帶責任。

（三）內閣為行政與立法的連鎖

即國會議員得兼任內閣閣員，又內閣一方面提出政策成為立法機關討論的議題，另一方面又執行立法機關所通過的法律，此連鎖作用乃是責任制的重要基礎。

（四）內閣與國會可相互對抗

即國會可對內閣提不信任案(倒閣權)，以達成制衡的效果；而內閣亦有解散國會權，訴諸民意重新改選。

（五）議會至上的原則

國（議）會除了有立法權與不信任權之外，尚可運用質詢權與預算權來監督內閣；尤其英國的國會，英國諺語：「巴力門(parliament)除了變性之外，無所不能」，即為此義。

二、總統制(presidential system)

以美國為代表，其特徵為：

（一）實權元首

總統一人大權獨攬行政權，其行使行政權無須經副署，亦由其負政策全責。

（二）總統向選民負責

行政權屬總統，立法權屬國會，分別由人民選舉產生，各有一定的任期，均向選民負責。總統不能解散國會，國會亦不能以不信任案強迫總統辭職。

（三）閣員由總統任免且不得兼任議員

即行政權與立法權有嚴格的區隔，議員不得兼任閣員，閣員對總統負責，而不向國會負責。

（四）總統有覆議權

總統對於國會通過的法案可行使覆議權，國會非經三分之二以上多數，不得維持原決議案；故總統只要取得三分之一以上國會議員的支持，即可牽制國會之決議。

（五）分權與制衡的原則

分權指立法（國會），行政（總統）與司法（法院）之分立，制衡是指三者相互節制，總統對國會通過之法案有覆議權，國會對總統的人事任免，機關設置有同意權，另法院法官之任命須經國會同意，而法院的司法審核制度，可牽制國會與總統兩機關。

三、委員制(councillor system)

以瑞士為代表，其特徵為：

（一）民選議會

立法機關分兩院，分別依人口比例和以各邦為單位選舉產生。

（二）委員會主席為國家元首

議會選舉一個由七人組成的行政執行委員會，委員任期為四年，並就七名委員中選舉一人為主席，即為聯邦總統；任期一年，不得連任。總統在形式上代表國家，但非行政首長，各委員地位相等，委員會以合議方式決策。

（三）立法機關權力獨大

議會不僅選舉執行委員組成行政部門，又任命司法機關法官，委員會不能解散議會，亦不能提出覆議，議會實為集三權於一身的最高統治機關。

（四）實施直接民主制

凡是政府所提修憲案或國際締約，均須交付公民強制公民複決；又國會通過的法案，若經人民連署即可進入公民複決。此外，人民亦可針對憲法或法律的修改提案，付諸公民投票。

四、混合制

以法國第五共和憲法之政府體制為代表，亦稱之「雙首長制」、「行政權雙軌制」或「半總統制」，其特徵為：

（一）雙行政首長

行政權歸屬於總統與總理，總統由全體公民直接選出，具國防和外交權，總理則擁有經濟和內政方面實權。

（二）總理向國會負責

總統任命總理雖無須經國會同意，但因議會可對內閣提出不信任案，故事實上總統任命總理仍會選擇國會多數支持的人選；總理並須向國會負責。

（三）總統的角色

總統主持國務會議並得解散國會，以仲裁行政與立法兩部門的衝突；另總統亦可透過公民複決的方式，適時化解法案的爭議。

（四）左右共治的現象

當總統與國會多數黨，分屬不同政黨時，總統為求政府施政能獲得國會的支持，而不得不任命與自己不同政黨的人選為總理，此即產生所謂「左右共治」(cohabitation)的現象。

五、我國政府體制的演化

⚖ 五、我國政府體制的演化

　　我國五院制的總統，既非總統制下之實權總統，亦非內閣制下之虛位元首，可以說是兩種制度之折衷制。具有以下之特質：

1. 依《憲法》原條文規定，總統由國民大會選舉產生，對國民大會負責；修憲後則由公民直選，使直接對全國人民負責。

2. 行政院對立法院負實際政治責任，總統依法公布法令，須經行政院院長或行政院院長及有關部會首長之副署(§57 I 、§37)；頗似內閣制之元首。

3. 總統對行政院移請立法院覆議的案件有核可權(§57 II 、III)，對行政院院長與司法院、考試院及監察院相關人員，有提名權且無須行政院副署，並擁有院際爭執調解權(§44)。

4. 依《憲法增修條文》規定，總統直接任命行政院院長，無須經立法院同意，且可宣告解散立法院，扮演化解政治僵局的重要角色。所以我國總統有獨特地位，似較接近雙首長制之體制。

　　綜而言之，我國的政府體制，是從憲法原條文的修正式內閣制，轉變為增修條文的改良式雙首長制。

　　1997 年我國完成了以法國第五共和的「雙首長制」為架構的中央政府體制之修憲工程，這是國民黨在堅持維持五權憲法架構下，選擇參考第五共和憲法的所謂「改良式雙首長制」。此制度雖與法國體制相類似，但仍有其不同之處；例如，我國《憲法》第 53 條規定：「行政院為國家最高行政機關。」但《憲法增修條文》復規定：「總統為決定國家安全有關大政方針，得設國家安全會議及所屬國家安全局，其組織以法律定之。」此種賦予總統擁有國家安全有關大政方針之決策權，且無須受立法院監督之設計；不但嚴重使行政權的割裂，

亦造成總統有權無責而違反民主制衡的機制；尤其如果出現「左右共治」的局面，很有可能引起憲政紛爭，實應謀制度上更合理的安排。

再者，修憲後立法院有倒閣權，總統有權解散立法院，但卻無機關可制衡總統，形成一種不平衡的三角權力關係，為了彌補此種不平衡的現象，於是將解散權設計為被動式，即須以立法院倒閣為前提（黃昭元，1997）。「被動解散權」雖可減少立法院動輒被總統解散之機會，就國內政治生態環境及實施憲政之經驗來看，顯為較佳的模式；卻也可能使總統藉著解散立法院，以化解行政與立法之間政治僵局的重要機制，因而遭嚴重傷害（游盈隆，1997：70）。更何況以臺灣目前選風敗壞的情況下，許多立法委員常需耗資數千萬甚或上億元來從事競選活動，又如何能寄望這些立法委員毫不考慮立法院被解散而須重新改選的壓力，去發動對行政院院長的不信任投票呢？

另外，法國第五共和憲法賦予人民有公民複決權，儘管我國已於2003 年通過公民投票法，但其所適用的範圍仍有相當的限制。無可否認地，公民複決是人民意志最直接的表現，其效力在理論上應不亞於修憲機關之修憲（姚志剛，1994：32）；且在相當程度上可以彌補代議民主的缺失。我國自 1991 年起迄今已歷經七次的修憲，如此頻繁的修憲且內容充滿工具性色彩，幾乎使國人對憲政制度的發展逐漸喪失了信心；尤其第五次修憲中曾通過「國代延任案」而引發憲政爭議，更讓我們覺得有必要重新深切的思考，如何透過公民複決的方式，去化解憲政僵局的可能性。

2000 年的總統大選，民進黨籍候選人陳水扁的勝選，使得「政黨輪替」終於在臺灣出現；此在我國憲政發展上，實具有歷史性的意義。然而，大選過後民進黨雖取得中央政府的執政權，但國民黨在立法院仍占有多數的席次，因此主張應落實雙首長制的「左右共治」；

可是民進黨則認為總統具最新民意，且基於責任政治之考量，實不宜交出組閣權。回顧近幾年來，國內政局擾攘不安，憲政運作爭議不斷，究竟朝野應如何化解政治僵局？

　　事實上，一國憲政發展之良窳，在於是否能將憲法條文圓潤地適用體制之運作而不悖（徐正戎，1995：104），我國將來在沒有一黨過半的情形下，如何適應「左右共治」的可能局面，仍值得深思與觀察。除了憲政制度的理性設計與落實之外，相關政治人物對憲法的尊重，促進政黨政治的健全發展，以及培養成熟的民主選舉文化，仍待國人共同努力。

　　【可參閱：拙著「法國憲政體制及其左右共治之研析」一文，刊於《澎專學報》第三期，2000：163-176】

📜 5-2 ⟩ 總統的產生

⚖ 一、候選人資格

1. 依《憲法》第 45 條之規定：「中華民國國民年滿四十歲者，得被選為總統、副總統。」，又依《總統副總統選舉罷免法》規定，須在中華民國自由地區繼續居住六個月以上，且曾設籍十五年以上之選舉人，始得登記為候選人；另回復中華民國國籍、因歸化取得中華民國國籍、大陸地區人民或香港、澳門居民經許可進入臺灣地區者，不得登記為候選人（§20）。

2. 總統、副總統候選人，應聯名申請登記；並應經政黨推薦或連署人連署（§21）。

(1) 依政黨推薦方式：須政黨於最近任何一次總統、副總統或立法
委員選舉，其所推薦候選人得票數之和，應達該次選舉有效票
總和 5%以上(§22)。

(2) 依公民連署方式：應於選舉公告發布 5 日內申請為被連署人，
並繳交保證金新臺幣一百萬元；且於 45 日內連署人數，已達
最近一次立法委員選舉之選舉人數 1.5%以上時，即為完成連署
(§23)。

二、產生方式

　　一般君主國以世襲方式產生，共和國則以選舉方式產生。依《憲
法》第 27 條規定，我國總統、副總統的選舉機關為國民大會。依
《憲法增修條文》第 2 條規定，自中華民國 85 年第九任總統、副總
統選舉，由中華民國自由地區全體人民直接選舉之。

　　又依《總統副總統選舉罷免法》，有關選舉活動與結果之規定要
點如下：

1. 候選人競選活動期間為 28 天(§36)。

2. 競選經費最高金額，應以中華民國自由地區人口總數百分之七十，
乘以新臺幣二十元所得數額，加新臺幣一億元之和(§38)。

3. 各組候選人選舉得票數達當選票數三分之一以上者，應補貼其競選
費用，每票補貼新臺幣三十元。但其最高額，不得超過候選人競
選經費最高金額(§41)。

4. 中央選舉委員會應以公費，在全國性無線電視頻道提供時段，供候
選人發表政見；經二組以上候選人同意，個人或團體得舉辦全國
性無線電視辯論會，電視臺應予受理，並得向中央選舉委員會申
請經費補助(§45)。

5. 選舉結果以候選人得票最多之一組為當選；候選人僅有一組時，其得票數須達選舉人總數百分之二十以上，始為當選(§63)。

6. 選舉結果得票數最高與次高之候選人得票數差距，在有效票數千分之三以內時，次高票之候選人得於投票日後七日內，向管轄法院聲請查封重新計票(§63-1)。

5-3　總統的任期與繼任

一、任期

1. 依《憲法》第47條之規定：「總統、副總統之任期六年，連選得連任一次。」

2. 民國49年，第一屆國民大會舉行第三次會議，修訂《動員戡亂臨時條款》，其中規定：「動員戡亂時期，總統、副總統得連選連任，不受憲法第47條連任一次之限制。」

3. 依《憲法增修條文》第2條規定：「總統、副總統之任期，自第九任總統、副總統起為四年，連選得連任一次，不適用憲法第47條之規定。」

二、繼任、補選與代行

（一）缺位

　　總統之任期尚未屆滿，因辭職、病故或遭罷免，或經彈劾解職而缺位時，由副總統繼任至總統任期屆滿為止（《憲法》§49Ⅰ前段）。副總統缺位時，由總統於三個月內提名候選人，由立法院補選，繼任

至原任期屆滿為止；總統、副總統均缺位時，由行政院長代行其職權，並依憲法增修條文規定補選之（《憲法增修》§2Ⅶ&Ⅷ）。

（二）不能視事

總統之任期尚未屆滿，因「生理上的」或「政治上的」事由而不能處理職務時，由副總統代行其職權。總統、副總統均不能視事時，由行政院院長代行其職權（憲法§49Ⅱ）。

（三）解職或未就職

總統於任滿之日解職，如次任總統尚未選出，或選出後總統、副總統均未就職時，由行政院院長代行總統職權（憲法§50）。

上述各種情形，由行政院院長代行總統職權時，其期限不得逾三個月（憲法§51）。

值得討論的是「不能視事」的客觀事實之認定程序為何？例如生理上罹重病須代行的程度認定；至於主觀意思之引退的處理程序又為何？例如民國 38 年 1 月 21 日，總統蔣中正「下野」，由副總統李宗仁依《憲法》第 49 條之規定代行總統職權；至民國 39 年 3 月 1 日總統蔣中正「復行視事」，恢復行使總統職權。不管是「不能視事」或是「復行視事」的認定與程序，均欠缺明確之法規範。

5-4 總統的責任

一、政治責任

總統向全國人民負政治責任，如依《憲法》48 條規定，總統就職之誓詞指出，「必遵守憲法，盡忠職務」，如「負國民付託」時，依

《憲法增修條文》第 2 條第 9 款規定：「須經全體立法委員 1/4 之提議，2/3 之同意後提出罷免，並經中華民國自由地區選舉人總額過半數之投票，有效票過半數同意罷免，即為通過；罷免案通過，被罷免人應即解職。」又依同條第 10 款規定：「立法院提出總統、副總統彈劾案，聲請司法院大法官審理，經憲法法庭判決成立時，被彈劾人應即解職。」

二、法律責任

可分為民事責任及刑事責任：

（一）民事責任

總統與人民之間，因個人私法上行為所發生的民事責任，不因國家元首享受特權，而應與一般人民同受民事有關規定之約束。

（二）刑事責任

依《憲法》第 52 條規定：「總統除犯內亂外患罪外，非經罷免或解職，不受刑事上之訴究。」此謂之刑事豁免權。依釋字第 627 號解釋：「…此係憲法基於總統為國家元首，對內肩負統率全國陸海空軍等重要職責，對外代表中華民國之特殊身分所為之尊崇與保障；…依釋字第 388 號解釋意旨，總統不受刑事上之訴究，乃在使總統涉犯內亂或外患罪以外之罪者，暫時不能為刑事上訴究，並非完全不適用刑法或相關法律之刑罰規定，故為一種暫時性之程序障礙，而非總統就其犯罪行為享有實體之免責權。」（96 年 06 月 15 日）

5-5　總統的職權

一、代表國家權

「總統為國家元首，對外代表中華民國。」(§35)此即對外以國家名義派遣駐外使節，接見外國使節，出席國際組織會議或參與國際活動。

二、統率權

「總統統率全國陸海空軍。」(§36)一國之軍事權通常分為軍令權與軍政權兩種。軍令權為調度陸海空軍部隊與指揮作戰之權，隸屬於總統；軍政權乃關於軍事預算，人力物力之取得與監督管理，此屬於國防部，並歸行政院之管轄。過去依民國 67 年立法院通過之《國防部參謀本部組織法》第 9 條之規定：參謀總長同時為總統與行政院國防部長之幕僚，具雙重角色，是否須赴立法院備詢引起相當關切，值得探討。

有關參謀總長應否列席立法院備詢所引發的憲政疑義，大法官會議釋字第 461 號解釋指出，「八十六年公布施行之憲法增修條文第三條第二項第一款規定行政院有向立法院提出施政方針及施政報告之責，立法委員在開會時，有向行政院院長及行政院各部會首長質詢之權，…至參謀總長在行政系統為國防部部長之幕僚長，直接對國防部部長負責，自非憲法規定之部會首長，無上開條文之適用。

…參謀總長為國防部部長之幕僚長，負責國防之重要事項，包括預算之擬編及執行，與立法院之權限密切相關，自屬憲法第六十七條第二項所指政府人員，除非因執行關係國家安全之軍事業務而有正當

理由外，不得拒絕應邀到會備詢，惟詢問內容涉及重要國防機密事項者，免予答覆。…」（87 年 7 月 24 日）

民國 90 年 10 月立法院通過《國防部參謀本部組織條例》，明定參謀本部是國防部長的軍令幕僚及三軍聯合作戰指揮機構；102 年施行《國防部參謀本部組織法》替代。促使過去參謀總長雙重角色，轉向「軍政軍令一元化」之原則。

⚖ 三、公布法令權

「總統依法公布法律，發布命令，須經行政院院長之副署，或行政院院長及有關部會首長之副署。」（§37)所謂副署，意即「同意而負責」；此須受兩項限制：

（一）須依法為之

即依《憲法》第 72 條規定，立法院法律案通過後，總統應於收到後十日內公布之。若於該十天內未為公布且行政院亦未提出覆議，則該法律仍生效。

（二）須經副署

總統依法公布法令，須經行政院院長及有關部會首長之副署，但經立法院同意之人事任免令及解散立法院令，則無須經副署（《憲法增修條文》§2II）。

⚖ 四、外交權

「總統依本憲法之規定，行使締結條約及宣戰媾和之權。」（§ 38)，所謂依本憲法之規定，是指《憲法》第 58 條及第 63 條之規定，總統在行使此種職權時，須先由行政院會議之議決，並經立法院

決議通過而為之。依司法院釋字第 329 號解釋：「憲法所稱之條約係指中華民國與其他國家或國際組織所締結之國際書面協定，包括用條約或公約之名稱，或用協定等名稱而其內容直接涉及國家重要事項，或人民之權利義務且具有法律上效力者而言。其中名稱為條約或公約或用協定等名稱而附有批准條款者，當然應送立法院審議…。」（82 年 12 月 24 日）至於涉及領土變更時，則依憲法增修條文規定，須經中華民國自由地區選舉人之複決。

五、宣布戒嚴權

「總統依法宣布戒嚴，但須經立法院之通過或追認。立法院認為必要時，得決議移請總統解嚴。」（§39)此規定是指國家遭遇非常事故時，為維持國家社會秩序並確保人民安全，必須於全國或特定地區實施武力戒備之措施。所謂依法是指除了依憲法規定，須經行政院會議之議決，並經立法院之通過或追認；另須依戒嚴法之規定宣告施行。我國於民國 37 年宣布戒嚴（但臺灣、青、康、藏、及新疆除外），至民國 39 年臺灣宣布戒嚴，於民國 76 年解嚴。

六、緊急命令權

《憲法》第 43 條規定總統得發布緊急命令，但因緊急命令法尚未制定而受到相當限制，故總統無從行使此權。在動員戡亂時期，臨時條款則賦予總統有緊急處分權；至動員戡亂時期終止後，特於憲法增修條文對緊急命令重行規定。

◆ 表 5-1　憲法及憲法增修條文對緊急命令規定之要點及差異

	憲法(§43)	憲法增修條文(§2)
發布原因	為避免天然災害，癘疫或國家財政經濟之重大變故。	為避免國家或人民遭遇緊急危難或應付財政經濟之重大變故。
發布時期	限於立法院休會期間	任何時期。
發布程序	須經行政院會議之決議並依緊急命令法。	僅須經行政院會議之決議。
追認效力	須於一個月內提交立法院追認，如立法院不同意時，該緊急命令立即失效。	須於十日內提交立法院追認，如立法院不同意時，該緊急命令立即失效。

　　行憲以來，總計發布過 5 次緊急命令（處分令），分別是財政經濟緊急處分令、八七水災、中美斷交、蔣經國去世、九二一大地震等。

1. 1948 年 8 月 19 日發布財政經濟緊急處分令（發行金圓券，整理財政）。

2. 1959 年 8 月 7 日臺灣中部發生八七水災，1959 年 8 月 31 日發布緊急處分令（時效至 1960 年 6 月 30 日）。

3. 1978 年 12 月 15 日發生中美斷交，隔日發布緊急處分令（1979 年 1 月 18 日另發布補充命令）。

4. 1988 年 1 月 13 日發生蔣經國總統去世，隨即發布緊急處分令（時效 1 個月）。

5. 1999 年 9 月 21 日發生九二一大地震，1999 年 9 月 25 日發布緊急命令（時效 6 個月）。

前四次均沿用動員戡亂時期臨時條款授權的緊急處分，而第五次九二一大地震，則採《憲法增修條文》之規定，發布緊急命令。

七、赦免權

「總統依法行使大赦、特赦、減刑及復權之權。」(§40)此乃總統關於司法方面之職權。

◆ 表 5-2　大赦、特赦、減刑、復權之區別

類別	大　赦	特　赦	減　刑	復　權
對象	某時期某種類之一般人犯。	特定人犯。	一般人犯及特定人犯。	被褫奪公權之一般人犯及特定人犯。
範圍	能免其刑於判決確定之前或後。	只能免其刑於判決確定以後。	能減其刑於判決確定或執行以後。	在刑期屆滿或因大赦、特赦、減刑而減免以後。
效力	對於已受罪刑之宣告者使其歸於無效，對於未受罪刑之宣告者使其追訴消滅；再犯時不以累犯論。	僅能免除刑罰，其犯罪行為仍在；再犯時以累犯論。	對判決確定者，僅減輕其刑，其罪刑仍然存在。	回復已喪失為公務員之資格、公職候選人之資格以及行使選舉、罷免、創制、複決四權之資格。
行使程序	先經行政院會議議決及立法院通過。	總統得令行政院轉令主管部為特赦之審議。	總統得令行政院轉令主管部減刑之審議，但全國性之減刑，得依大赦程序辦理。	總統得令行政院轉令主管部為復權之審議。

⚖ 八、任免權

「總統依法任免文武官員。」(§41)此乃總統關於人事方面之職權。

(一) 事務官

依《公務人員任用法》之規定，各機關初任簡任、薦任、委任官等公務人員，經銓敘部銓敘審定合格後，呈請總統任命。

(二) 政務官

依《憲法增修條文》之規定，如直接任命行政院長；司法、考試、監察三院之重要成員，須經立法院同意而任命之。

⚖ 九、榮典權

「總統依法授與榮典。」(§42)。依褒揚條例、勳章條例以及陸海空軍勳章條例頒授，此榮典包括勳章、獎章、獎狀及褒揚令等。

⚖ 十、院際爭執調解權

「總統對於院與院間之爭執，除本憲法有規定者外，得召集有關各院院長會商解決之。」(§44)，其中「本憲法有規定者」是指：

1. 行政院與立法院之間爭議，依覆議規定處置。(§57II、III)

2. 院際間因行使職權發生法令適用上的爭議，得聲請司法解釋。(§78)

3. 省自治施行之障礙，由五院院長組織委員會，以司法院院長為主席，提出解決方案。(§115)

此項職權在學理上頗有疑義，也不具強制性的效力（許育典，2016：393）。例如：2000 年 10 月民進黨執政，行政院決定不執行立法院通過的核四預算，而出現院際爭議。當時陳水扁總統即援用「院際爭執調解權」，召集行政、立法、司法與監察院長協商，但當時立法院長王金平，以朝小野大的國會決定不參加。又 2014 年 3 月 18 日發生《海峽兩岸服務貿易協議》爭議時，馬英九總統也曾依此法條文，召集行政院長江宜樺和立法院長王金平會商，結果王金平拒絕出席。顯見在實際政治爭執的援用運作，並無解決的效果。

十一、提名權

包括行政院院長，司法院、考試院、監察院之重要成員，以及補提名副總統等。（依《憲法》及《憲法增修條文》規定）

十二、覆議核可權

總統對於行政院移請立法院覆議之案件，有「核可」之權。（依《憲法》及《憲法增修條文》規定）

十三、設置國家安全機構

「總統為決定國家安全有關大政方針，得設國家安全會議及所屬國家安全局…」（《憲法增修條文》§2IV規定）依《國家安全會議組織法》第 4 條之規定，出席人員除總統、副總統、國家安全會議秘書長、國家安全局局長之外，其他成員為行政院院長、副院長、內政部部長、外交部部長、國防部部長、財政部部長、經濟部部長、行政院大陸委員會主任委員、參謀總長等。論者嘗提及國家安全會議的決議，無疑是行政院會議有關國家安全政策之指導角色（法治斌、董保城，2004：330）；因此，職權的釐清與授權的規定仍待法制化。

⚖ 十四、提出國情報告

「立法院於每年集會時，得聽取總統國情報告。」(《憲法增修條文》§4III規定）而《立法院職權行使法》也規定，「立法院得經全體立法委員四分之一以上提議，院會決議後，由程序委員會排定議程，就國家安全大政方針，聽取總統國情報告。總統就其職權相關之國家大政方針，得咨請立法院同意後，至立法院進行國情報告。」(§15-2)但從 2000 年修憲後，在朝野缺乏信任基礎的情境下，歷任總統迄今從未赴立法院報告。

⚖ 十五、宣告解散立法院權

「總統於立法院通過對行政院院長之不信任案後十日內，經諮詢立法院院長後，得宣告解散立法院。但總統於戒嚴或緊急命令生效期間，不得解散立法院。」(《憲法增修條文》§2V規定）此可稱之為「被動解散國會權」。

📜 5-6 ▷ 總統府的顧問及所屬機關

⚖ 一、顧問單位

依總統府組織法、總統府資政及國策顧問遴聘辦法之規定編制如下，且其聘期不得逾越總統任期：

（一）資政

員額不得逾 30 人，無給職。

（二）國策顧問

員額不得逾 90 人，無給職。

（三）戰略顧問

員額為 15 人，上將。

🔨 二、所屬機關

（一）國家安全會議及其所屬國家安全局

依《國家安全會議組織法》規定，其職掌為總統決定國家安全有關大政方針之諮詢機關；所稱國家安全係指國防、外交、兩岸關係及國家重大變故之相關事項(§2)。國家安全會議及其所屬國家安全局應受立法院之監督(§8)，此應指事後之備詢，而非事前的政策報告。另國家安全會議置諮詢委員五人至七人，由總統特聘之(§9)。

（二）國家統一委員會

於 1990 年 10 月 7 日由李登輝總統宣佈成立，其法源依據是《國家統一委員會設置要點》，非法定機關，為隸屬總統府的任務編組單位。2006 年 2 月 28 日陳水扁總統批示正式「終止運作」。

（三）中央研究院（總統府組織法 §17）

（四）國史館（總統府組織法 §17）

（五）國父陵園管理委員會（總統府組織法 §17）

民國 35 年依據組織法規定，制定公布國父陵園管理委員會組織條例。2020 年立法委員曾提案要求廢止國父陵園管理委員會組織條例，對此總統府發言人受訪表示，該組織條例制定後因時空變遷，已顯不合時宜亦無必要，因此多年來並未設置該機關，亦未編列預算與人員。

MEMO

行政院

📝 6-1 ▷ 行政院的地位與性質

依《憲法》第 53 條規定:「行政院為國家最高行政機關。」即指行政院在全國行政組織體系中,處於最高地位。因此,凡屬行政機關,無論為中央或地方均直接或間接隸屬於行政院,且受其指揮監督。至於我國行政院的性質究竟如何?可從以下兩方面來加以探討:行政權的歸屬、行政權與立法權的關係。此為區別內閣制與總統制的關鍵。依憲法原條文之規定,我國憲政體制設計與內閣制原則頗為相似。但第四次修憲時,為配合民選總統職權擴張的需要,因此,我國憲政體制作了相當程度的的改變,與法國第五共和制度日益接近。(可參閱:劉慶瑞,1983;張治安,1997:314)。

📝 6-2 ▷ 行政院的組織

⚖ 一、行政院院長

(一)產生方式

依我國《憲法》第 55 條規定:「行政院院長由總統提名,經立法院同意任命之。⋯」即總統任命行政院長,須以立法院同意為要件,總統依理須提名能獲得立法院多數委員支持的人為行政院院長,否則將會引發憲政危機。但民國 86 年修憲後,依《憲法增修條文》之規定:「行政院院長由總統任命之。行政院院長辭職或出缺時,在總統未任命行政院院長前,由行政院副院長暫行代理。憲法第五十五條之規定,停止適用。」儘管總統對行政院院長有完整的任免權,所提人選已無須經立法院同意;但行政院依規定,對立法院負責;仍為《憲法增修條文》第 3 條所明定。

（二）任期

　　憲法並未規定行政院院長之任期。主要乃因《憲法》第 57 條規定，行政院對立法院負責，如行政院對於立法院決議之重要政策、法律案、預算案及條約案等未能獲得總統之核可，移請立法院覆議；或行政院院長不願接受立法院經覆議維持之原決議時，應立即辭職。因此，在政治上，行政院院長隨時有被迫辭職的可能，如在憲法上又規定一定的任期，倘遇上述情形，將無以貫徹憲法之意旨。又修憲後總統對行政院院長有免職權，行政院長基於與總統的政策理念不合，而有隨時下台的可能，因此自無固定任期可言。

　　依《憲法》原條文的設計，司法院曾作出釋字第 387 號解釋：「…行政院院長既須經立法院同意而任命之，且對立法院負政治責任，基於民意政治與責任政治之原理，立法委員任期屆滿改選後第一次集會前，行政院院長自應向總統提出辭職。…」(84/10/13)。此乃行政院對立法院負政治責任，基於民意政治與責任政治之原理，立法院改選後，行政院自應向總統提出辭職。又釋字第 419 號解釋：「…行政院院長於新任總統就職時提出總辭，係基於尊重國家元首所為之禮貌性辭職，並非其憲法上之義務。…」(85/12/31)修憲後制度設計的轉變，前述兩項解釋之法理似有討論的空間。

二、行政院副院長、各部會首長及政務委員

　　依《憲法》第 56 條規定：「行政院副院長，各部會首長及不管部會之政務委員，由行政院院長提請總統任命之。」行政院副院長主要作用是在輔助院長處理院務，並於院長辭職、出缺或因故不能視事時，代理其職務；各部會首長同時亦為政務委員。儘管憲法規定這些職務的人選，是「院長提請總統任命之」，但是從理論上應由行政院

長選任與其共事者組成團隊，總統任命權則屬於儀式性的權力；可是在我國的憲政實務上，總統往往以其地位插手干預行政院人事的安排（許育典，2016：402；法治斌、董保城，2004：334-335）。

依據民國 38 年修正施行的行政院組織法之規定，行政院設有「八部二會」：包括內政、外交、國防、財政、教育、法務、經濟、交通等八部及蒙藏、僑務二委員會。其中蒙藏委員會於 2017 年 9 月 15 日裁撤，其業務移撥交由文化部、陸委會與外交部承接。迄至 111 年施行的《行政院組織法》調整為「十四部九會」，政務委員七人至九人；並置一行（中央銀行）、一院（故宮博物院）、二總處（主計總處與人事行政總處）。（《行政院組織法》第 3 至 8 條）。

⚖ 三、獨立委員會

指在行政權下，所設立的獨立行政機關；為了確保其獨立性往往設計有任期制度之保障，藉以排除上級長官對具體個案的介入指導，並可免於行政權的干涉，而能在法規範下擁有專業自主的職權行使空間。如中央選舉委員會、公平交易委員會以及晚近成立之國家通訊傳播委員會(NCC)均屬之。

其中依《中央選舉委員會組織法》規定，中央選舉委員會置委員九人至十一人，其中一人為主任委員，一人為副主任委員，均由行政院院長提名經立法院同意後任命。委員任期為四年，任滿得連任一次。委員中同一黨籍者，不得超過委員總數三分之一。本會委員除主任委員、副主任委員外，餘為無給職；委員應超出黨派以外，依法獨立行使職權，於任職期間不得參加政黨活動。另依《公平交易委員會組織法》規定，公平交易委員會置委員七人，均為專任，任期四年，任滿得連任，由行政院院長提名經立法院同意後任命之，行政院院長

為任命時，應指定一人為主任委員，一人為副主任委員。委員具有同一黨籍者，不得超過委員總額二分之一；委員須超出黨派以外，於任職期間不得參加政黨活動，並依法獨立行使職權。

　　至於國家通訊傳播委員會的組成模式，立法院規定委員的選任，必須依政黨比例代表制提名，是否將剝奪行政院院長的人事任命權？此規定引發朝野在憲政法理上的爭議。

　　依司法院大法官會議釋字第 613 號解釋：「…基於權力分立原則，行使立法權之立法院對行政院有關通傳會委員之人事決定權固非不能施以一定限制，以為制衡，惟制衡仍有其界限，除不能牴觸憲法明白規定外，亦不能將人事決定權予以實質剝奪或逕行取而代之。國家通訊傳播委員會組織法（以下簡稱通傳會組織法）第四條第二項通傳會委員「由各政黨（團）接受各界舉薦，並依其在立法院所占席次比例共推薦十五名、行政院院長推薦三名，交由提名審查委員會（以下簡稱審查會）審查。…關於委員任滿提名及出缺提名之規定，實質上幾近完全剝奪行政院之人事決定權，逾越立法機關對行政院人事決定權制衡之界限，違反責任政治暨權力分立原則。又上開規定等將剝奪自行政院之人事決定權，實質上移轉由立法院各政黨（團）與由各政黨（團）依其在立法院所占席次比例推薦組成之審查會共同行使，影響人民對通傳會應超越政治之公正性信賴，違背通傳會設計為獨立機關之建制目的，與憲法所保障通訊傳播自由之意旨亦有不符。是上開規定應自本解釋公布之日起，至遲於中華民國九十七年十二月三十一日失其效力。…」(95/07/21)

　　因此，2007 年修訂《國家通訊傳播委員會組織法》，規定通傳會置委員七人，均為專任，任期四年，任滿得連任，由行政院院長提名經立法院同意後任命之，行政院院長為提名時，應指定一人為主任委

員，一人為副主任委員。委員中同一黨籍者，不得超過委員總數二分之一；委員應超出黨派以外，獨立行使職權。

綜上可知，為了落實獨立委員會的公正性以及受民意之監督的制度設計，委員除了明定其任期之外，同時須由行政院院長提名經立法院同意後任命之；更嚴格規定同一黨籍委員數的比例限制，以免造成職權行使的偏頗現象。

四、行政院會議

依《憲法》第 58 條第 1 項規定：「行政院設行政院會議，由行政院院長、副院長，各部會首長及不管部會之政務委員組織之，以院長為主席。」另依行政院會議議事規則之規定，行政院人事行政總處、行政院主計總處、中央銀行首長亦應出席會議。議事規則第 4 條又規定，下列事項提出行政院會議議決之：

1. 依憲法須提出立法院之事項。

2. 依法須提出行政院會議議決事項。

3. 涉及各部會共同關係之事項。

4. 其他院長認有討論必要之重要事項。

6-3　行政院的職權

一、提出法案權

行政院有向立法院提出法律案、預算案、戒嚴案、大赦案、宣戰案、媾和案、條約案及其他重要事項之權。(《憲法》§58Ⅱ) 又此等法案須先經行政院會議之議決，始得向立法院提出。

🔨 二、移請覆議權

（一）關於重要政策之覆議

此為《憲法》第 57 條第 2 項所規定：「立法院對於行政院之重要政策不贊同時，得以決議移請行政院變更之。行政院對於立法院之決議，得經總統之核可，移請立法院覆議。」此行使覆議的標的必須是「行政院之重要政策」。

（二）關於法律案、預算案、條約案之覆議

此為《憲法》第 57 條第 3 項所規定：「行政院對於立法院決議之法律案、預算案、條約案，如認為有窒礙難行時，得經總統之核可，於該決議案送達行政院十日內，移請立法院覆議。」此所謂「立法院決議之法律案、預算案、條約案…」，究為例示性質，即應包括其他戒嚴，大赦、宣戰、媾和等亦比照之；或為列舉性質，即僅以明文列舉之三項為限；各有主張，值得討論。另條文中所舉之「法律案」，是僅行政院所提案經立法院決議，如認為有窒礙難行時始移請覆議；抑或包含其他各院所提之法律案，只要合於覆議之要件，行政院均可為之；此仍不無疑問。

惟民國 86 年修憲後，《憲法增修條文》第 3 條規定：「憲法第五十七條之規定，停止適用。」「行政院對於立法院決議之法律案、預算案、條約案，如認為有窒礙難行時，得經總統之核可，於該決議案送達行政院十日內，移請立法院覆議。…」可知目前行政院行使覆議的標的，僅為有關立法院決議之法律案、預算案、條約案、此種類型是也。

⚖ 三、提出預算及決算權

　　行政院於會計年度開始三個月前，應將下年度預算案提出於立法院(§59)。此項預算的審查，是立法權對行政權的事前監督。並於會計年度結束後四個月內，提出決算案於監察院(§60)。此即提交監察院所屬的審計部，依法完成審核，並提出報告於立法院(§105)。

　　有關大法官會議釋字第 520 號解釋─行政院可否不執行立法院通過之預算案？

　　解釋文指出：「預算案經立法院通過及公布手續為法定預算，其形式上與法律相當，因其內容、規範對象及審議方式與一般法律案不同，本院釋字第三九一號解釋曾引學術名詞稱之為措施性法律。主管機關依職權停止法定預算中部分支出項目之執行，是否當然構成違憲或違法，應分別情況而定。諸如維持法定機關正常運作及其執行法定職務之經費，倘停止執行致影響機關存續者，即非法之所許；若非屬國家重要政策之變更且符合預算法所定要件，主管機關依其合義務之裁量，自得裁減經費或變動執行。至於因施政方針或重要政策變更涉及法定預算之停止執行時，則應本行政院對立法院負責之憲法意旨暨尊重立法院對國家重要事項之參與決策權，依照憲法增修條文第三條及立法院職權行使法第十七條規定，由行政院院長或有關部會首長適時向立法院提出報告並備質詢。本件經行政院會議決議停止執行之法定預算項目，基於其對儲備能源、環境生態、產業關連之影響，並考量歷次決策過程以及一旦停止執行善後處理之複雜性，自屬國家重要政策之變更，仍須儘速補行上開程序。其由行政院提議為上述報告者，立法院有聽取之義務。行政院提出前述報告後，其政策變更若獲得多數立法委員之支持，先前停止相關預算之執行，即可貫徹實施。倘立法院作成反對或其他決議，則應視決議之內容，由各有關機關依

本解釋意旨，協商解決方案或根據憲法現有機制選擇適當途徑解決僵局，併此指明。」(90/01/15)

這個針對行政院停止執行核四預算的決策，是否違憲所做的模糊性解釋，卻引來朝野黨派各說各話的結果；並未能弭平政局的紛爭。

四、提請解散國會權

《憲法增修條文》第 3 條第 2 項規定：「立法院對行政院院長提出不信任案，…如經全體立法委員二分之一以上贊成，行政院院長應於十日內提出辭職，並得同時呈請總統解散立法院。」此項行政院長行使的職權，也只是附條件的被動解散建議權罷了。

五、最高行政決策，執行及監督權

依據「行政院為國家最高行政機關」之宣示(§53)，因此，行政院擁有最高行政決策權與執行權，且對於全國行政系統中所屬各機關，自亦有指揮監督權。

6-4　行政院的責任

行政院主要依憲法增修條文之規定，對立法院負責，茲分述如下：

一、提出施政方針及報告並備質詢

行政院有向立法院提出施政方針及施政報告之責，立法委員在開會時，有向行政院院長及行政院各部會首長質詢之權。所謂施政方

針，包括行政院長就職時及每年度之施政方針。施政報告係指根據施政方針所為之施政工作情形與結果提出報告，原則上於立法院每一會期開始集會時提出報告，亦得就某種特殊之施政情形，隨時提出專案報告。

🔨 二、提出覆議經維持原案應即接受

行政院對於立法院決議之法律案、預算案、條約等、如認為有窒礙難行時，得經總統之核可，於該決議案送達行政院十日內，移請立法院覆議。立法院對於行政院移請覆議案，應於送達十五日內作成決議。如為休會期間，立法院應於七日內自行集會，並於開議十五日內作成決議。覆議案逾期未議決者，原決議失效。覆議時，如經全體立法委員二分之一以上決議維持原案，行政院院長應即接受該決議。

🔨 三、經立法院通過不信任案應辭職

立法院得經全體立法委員三分之一以上連署，對行政院院長提出不信任案。不信任案提出七十二小時後，應於四十八小時內以記名投票表決之。如經全體立法委員二分之一以上贊成，行政院院長應於十日內提出辭職，並得同時呈請總統解散立法院；不信任案如未獲通過，一年內不得對同一行政院院長再提不信任案。

關於大法官會議釋字第 419 號解釋—副總統得否兼任行政院長之釋憲案：

民國 84 年 12 月 2 日，第三屆立法委員經選舉產生，當時的行政院長連戰依大法官會議釋字第 387 號解釋，於新任立法委員就職 (85/2/1)前，率內閣向李登輝總統提出總辭；總統再次提名連戰為行政院長，並經立法院同意，且於 2 月底順利完成內閣改組。之後，李

總統在 85 年初的記者會公開表達：「總統大選後連戰不會續任行政院長」，但在 3 月 23 日，李登輝與連戰當選為第九屆正、副總統；儘管連戰以行政院長的身分，於正、副總統就職之前，再率內閣向總統總辭，然而 5 月 31 日，李總統卻以民國 49 年陳誠，民國 55 年嚴家淦二人，均曾獲蔣中正慰留以副總統兼任行政院長為前例，且憲法亦無明文規定不可，即在連戰的辭呈上批示「著毋庸議」。因此引發副總統得否兼任行政院長之憲政爭議，陸續有朝野三黨立委連署向大法官聲請釋憲案。

大法官會議針對釋憲案舉行釋憲審查會，並經召開憲法法庭進行言詞辯論，最後於民國 85 年 12 月 31 日作出釋字第 419 號解釋。解釋文就上述疑義指出：「副總統得否兼任行政院院長憲法並無明文規定，副總統與行政院院長二者職務性質亦非顯不相容，惟此項兼任如遇總統缺位或不能視事時，將影響憲法所規定繼任或代行職權之設計，與憲法設置副總統及行政院院長職位分由同之人擔任之本旨未盡相符。引發本件解釋之事實，應依上開解釋意旨為適當之處理。…

依憲法之規定，向立法院負責者為行政院，立法院除憲法所規定之事項外，並無決議要求總統為一定行為或不為一定行為之權限。故立法院於中華民國八十五年六月十一日所為「咨請總統儘速重新提名行政院院長，並咨請立法院同意」之決議，逾越憲法所定立法院之職權，僅屬建議性質，對總統並無憲法上之拘束力。」

此項解釋文中之「非顯不相容」，使國民黨方面據以認為副總統兼任行政院長是合憲說；而「未盡相符」則被在野黨認為此即違憲說。因此可謂為標準的「合憲附帶違憲警告但書」的解釋。這種潛在違憲性的解釋意涵，果然仍無法化解朝野對此問題的爭議，惟有透過修憲來加以解決。

立法院

7-1　立法院的地位與性質

依《憲法》第 62 條規定:「立法院為國家最高立法機關。」是為立法院之地位。另依民國 46 年司法院大法官會議釋字第 76 號解釋:「就憲法上之地位及職權之性質而言,應認國民大會、立法院、監察院共同相當於民主國家之國會。」此項解釋使我國成為三院制國會的國家。

就民主國家議會的組成與功能而論,議會除了須具備經人民選舉產生的民意機關性質,同時也須具有隨時監督政府的職權功能。惟經過民國 81 年的修憲,原透過人民間接選舉產生的監察委員,已改由總統提名,經國民大會同意而產生(89 年修憲後再改由立法院行使該項同意權),使得監察院已非民意機關,轉變成為「準司法機關」的性質,而不再具有「相當於民主國家之國會」的地位,故我國於是成為兩院制國會的國家。

及至民國 89 年修憲後,依增修條文規定,國民大會代表三百人,僅於立法院提出憲法修正案、領土變更案,或總統、副總統彈劾案時,才以比例代表制選出之,使得國民大會轉變為「任務型」國民大會的型態,亦即走向虛級化;所以就實質意義而言,我國已成為一院制國會的國家。民國 94 年的第七次修憲,決議廢除國民大會,並將公民複決納入憲法,從此國民大會終於走入歷史。因此,毫無疑問地立法院目前是我國唯一的國會。

7-2 立法院的組織

一、立法委員

（一）產生方式（選舉）

1. 依《憲法》第 64 條之規定，立法委員由人民直接選舉產生。其名額之分配，以區域代表為中心，兼採民族代表，僑胞代表及職業代表制。民國 37 年第一屆立法委員應選總額為 773 人（實際選出人數為 760 人）；另婦女名額有保障。至民國 58 年，依動員戡亂時期中央公職人員增補選辦法，補選 11 人（不須改選）；民國 61 年起，依動員戡亂時期中央民意代表增補選辦法，選出 51 人，並定期改選；民國 64 年 52 人、民國 69 年 97 人、民國 72 年 98 人、民國 75 年 100 人、民國 78 年 130 人。

2. 依第三次修憲之憲法增修條文的規定，立法委員由人民直接選舉產生。其名額之分配，計有區域（每省、直轄市各 2 人，但其人口逾二十萬人者，每增加十萬人增一人；逾一百萬人者，每增加二十萬人增加一人），原住民（平地及山胞各 3 人，共 6 人），僑胞 6 人，及全國不分區 30 人等四類。另婦女有保障名額（5~10 人，應有一名；超過十人者，每滿十人應增一名），其次僑胞及全國不分區之名額，採政黨比例方式選出之，且不適用罷免制度。

   又依大法官會議釋字第 331 號解釋，依政黨比例選出之立法委員，如喪失所屬政黨黨籍，自應喪失立法委員資格，並依法遞補之。依此規定，第二屆立委 161 人（民國 81 年），第三屆立委 164 人（民國 84 年）。

3. 依第四次修憲之《憲法增修條文》第 4 條第 1 項規定：「立法院立法委員 225 人，自第四屆起，依左列規定選出之，不受憲法第 64 條之限制：

   (1) 自由地區直轄市，縣市 168 人，每縣市至少 1 人。（區域立委）

   (2) 自由地區平地原住民及山地原住民各 4 人。（原住民立委共計 8 人）

   (3) 僑居國外國民 8 人。（僑胞立委）

   (4) 全國不分區 41 人。（全國不分區立委）」

   又依第 2 項規定：「前項第三款、第四款名額，採政黨比例方式選出之。第一款每直轄市、縣（市）選出之名額及第三款、第四款各政黨當選之名額，在五人以上十人以下者，應有婦女當選名額一人，超過十人者，每滿十人，應增婦女當選名額一人。」

4. 依民國 94 年第七次修憲之《憲法增修條文》第 4 條規定：「立法院立法委員自第七屆起一百一十三人，任期四年，連選得連任，於每屆任滿前三個月內，依左列規定選出之，不受憲法第六十四條及第六十五條之限制：

   一、自由地區直轄市、縣市七十三人。每縣市至少一人。

   二、自由地區平地原住民及山地原住民各三人。

   三、全國不分區及僑居國外國民共三十四人。

   前項第一款依各直轄市、縣市人口比例分配，並按應選名額劃分同額選舉區選出之。第三款依政黨名單投票選舉之，由獲得百分之五以上政黨票之政黨依得票比率選出之，各政黨當選名單中，婦女不得低於二分之一。」

其中第一款區域立法委員七十三席，規定每縣市至少一人；依選罷法之規定，應選名額一人之縣（市），以其行政區域為選舉區；應選名額二人以上之直轄市、縣（市），按應選名額在其行政區域內劃分同額之選舉區；選舉區應斟酌行政區域、人口分布、地理環境、交通狀況、歷史淵源及應選出名額劃分之。儘管離島三縣選舉人數，分別是澎湖約為九萬、金門約為十二萬、連江甚至約為一萬左右，但在憲法保障之下也能擁有一席立法委員，相較於其他本島的縣市選舉人數至少都在二十萬人以上，或許在票票等值的平等原則有所質疑，但基於保護離島民意的考量，視其為合理的差別對待，應屬正當。

（二）任期

1. 依《憲法》第 65 條之規定，立法委員之任期為三年，連選得連任，其選舉於每屆任滿前三個月內完成之。

   第一屆立法委員，於民國 37 年 5 月 7 日就職，至民國 40 年任期屆滿，惟值國家發生重大變故，事實上無法依法辦理次屆選舉，且因當時大法官會議尚未在臺復會，乃經行政院會之決議，建議由總統咨商立法院贊同，由第一屆立法委員暫行職權一年，於民國 41 年及 42 年，亦均循同一程序辦理。至民國 43 年經司法院釋字第 31 號解釋：「在第二屆委員未能依法選出集會與召集以前，自應仍由第一屆立法委員、監察委員繼續行使其職權。」（此為第一屆立法委員不必改選的法源基礎），直到民國 79 年司法院大法官會議作出釋字第 261 號解釋，確認第一屆未定期改選之中央民意代表，應於民國 80 年底以前終止行使職權。

2. 依動員勘亂時期臨時條款之規定，增額立法委員，須每三年定期改選。

3. 依憲法增修條文之規定，立法委員自第七屆起任期延長為四年，連選得連任。

（三）保障

1. 言論及表決自由之保障

依《憲法》第 73 條之規定：「立法委員在院內所為之言論及表決，對院外不負責任。」依司法院釋字第 435 號解釋：「憲法第七十三條規定立法委員在院內所為之言論及表決，對院外不負責任，旨在保障立法委員受人民付託之職務地位，並避免國家最高立法機關之功能遭致其他國家機關之干擾而受影響。為確保立法委員行使職權無所瞻顧，此項言論免責權之保障範圍，應作最大程度之界定，舉凡在院會或委員會之發言、質詢、提案、表決以及與此直接相關之附隨行為，如院內黨團協商、公聽會之發言等均屬應予保障之事項。越此範圍與行使職權無關之行為，諸如蓄意之肢體動作等，顯然不符意見表達之適當情節致侵害他人法益者，自不在憲法上開條文保障之列。至於具體個案中，立法委員之行為是否已逾越保障之範圍，於維持議事運作之限度內，固應尊重議會自律之原則，惟司法機關為維護社會秩序及被害人權益，於必要時亦非不得依法行使偵審之權限。」（86/8/1）因此，「蓄意之肢體動作」已逾越憲法此負責權保障之範圍，而仍須負法律責任；此係採「相對保障說」。

2. 不受逮捕或拘禁之保障

依《憲法》第 74 條之規定：「立法委員，除現行犯外，非經立法院許可，不得逮捕或拘禁。」

憲法原條文對於立法委員不受逮捕或拘禁的保障，並無明確的時間限制，故在法理上應解釋為會期外亦得享有，此或許因立法委員經

常行使職權之故。但依《憲法增修條文》第 4 條之規定：「立法委員除現行犯外，在會期中，非經立法院許可，不得逮捕或拘禁。憲法第七十四條之規定，停止適用。」由此可見，修憲後，對於立法委員不受逮捕或拘禁的保障，僅限於「在會期中」才予以保障。至於會期中，若經立法院許可，仍得加以逮捕或拘禁。例如：2020 年 8 月間臺北地檢署偵辦蘇震清、廖國棟、陳超明與趙正宇、前立委徐永明疑涉收賄案，並依《貪汙治罪條例》起訴。9 月間因立法院已開議，臺北地院合議庭認為蘇震清、廖國棟、陳超明 3 人涉犯重罪且否認犯行，有串證逃亡之虞，裁定繼續羈押。依據《憲法增修條文》第 4 條第 8 項規定：「立法委員除現行犯外，在會期中，非經立法院許可，不得逮捕或拘禁。」並於 9 月 22 日上午發函詢問立法院請求羈押許可，立法院經政黨協商後決議予以許可。

（四）限制

1. 不得兼任官吏(§75)，又依司法院釋字第 1 號解釋，立法委員如就任官吏，應即辭去立法委員職務，其未辭職而就任官吏者，應於就職時，視為辭職。

2. 不得兼任國民大會代表（釋字第 30 號解釋）

3. 不得兼任省、縣地方議會議員（釋字第 74 號解釋）

（五）職權

1. **出席權**：即立法委員有出席各種會議權。

2. **發言權**：立法委員除有違反立法院議事規則或其他妨礙議場秩序，得由主席加以制止外，其所為之言論，對院外不負責任。

3. **質詢權**：立法委員在開會時，有向行政院院長及行政院各部會首長質詢之權(§57I)。質詢得以口頭或書面方式為之，且質詢事項，不得作為討論之議題。

4. **提案權**：立法委員提出之法律案，應有 15 人以上之連署；其他提案（一般法案），除另有規定外，應有 10 人以上連署。（《立法院議事規則》§8）

5. **表決權**：立法委員在院內所為之表決，對院外不負責任。表決之方法，包括有：口頭、舉手、表決器、投票及點名表決等五種，但有關人事問題之議案，不適用記名或點名表決法。（《立法院議事規則》§35）

⚖ 二、立法院院長、副院長

依《憲法》第 66 條之規定：「立法院設院長、副院長各一人，由立法委員互選之。」由此可知立法院正、副院長係由立法委員互選產生，其任期亦與立法委員相同，依增修條文規定自第七屆起即為四年。

⚖ 三、各種委員會

依《憲法》第 67 條之規定：「立法院得設各種委員會。各種委員會得邀請政府人員及社會上有關人員到會備詢。」其所設委員會有以下三種：

（一）常設委員會

目前依《立法院組織法》第 10 條規定，設有內政委員會、外交及國防委員會、經濟委員會、財政委員會、教育及文化委員會、交通

委員會、司法及法制委員會、社會福利及衛生環境委員會等八個常設委員會。又依立法院各委員會組織法（98 年 1 月）之規定，立法院各委員會席次至少為十三席，最高不得超過十五席；每一委員以參加一委員會為限。

（二）特種委員會

1. **程序委員會**：置委員十九人，由各黨團依其在院會席次之比例分配之。但每一黨團至少一人。其職權關於各種提案手續是否完備之審定、議案之合併、分類及其次序之變更、提案討論時間之分配、人質詢時間之分配、院會所交與議事程序有關問題之處理以及關於人民請願文書、形式審核、移送、函復及通知之處理。

2. **紀律委員會**：置召集委員八人，由各委員會召集委員互推一人擔任之。審議懲戒案件得按情節輕重為下列之處分：一、口頭道歉。二、書面道歉。三、停止出席院會四次至八次。四、經出席院會委員三分之二以上同意，得予停權三個月至半年。

　　此外尚有修憲委員會、經費稽核委員會與公報指導委員會。

（三）全院委員會

　　專為行使同意權、覆議案、不信任案、彈劾與罷免正副總統案而設，以院長為主席，若院長、副院長因事故不能出席，由出席立法委員互推一人為主席。

四、助理與黨團

　　依《立法院組織法》（105 年 12 月）之規定，立法委員每人得置公費助理八人至十四人，由委員聘用；立法院應每年編列每一立法委員一定數額之助理費及其辦公事務預算，公費助理與委員同進退。

此外，每屆立法委員選舉當選席次達三席且席次較多之五個政黨得各組成黨團；席次相同時，以抽籤決定組成之。立法委員依其所屬政黨參加黨團。每一政黨以組成一黨團為限；每一黨團至少須維持三人以上。未能依前項規定組成黨團之政黨或無黨籍之委員，得加入其他黨團。黨團辦公室由立法院提供之。各黨團置公費助理十人至十六人，由各黨團遴選，並由其推派之委員聘用之。

7-3　立法院的職權

一、制定法律權

法律案須經立法院之議決，以完成立法程序，是為立法院主要及經常之職權。法律的名稱有四種，即法、律、條例、通則。至於法律的制定，通常須經過下列程序：

（一）提案

此指提出法律案於立法院。依憲法、大法官會議解釋及有關法令規定，提案權並不以立法院之立法委員為限，其餘四院亦均有之；至於五院提案權之法源者為：憲法明定行政院($\S 58$)與考試院($\S 87$)均有提案權，立法院於立法院議事規則規定立法委員提案的程序，至於監察院（釋字第 3 號）與司法院（釋字第 175 號）則經大法官會議之解釋，亦可向立法院提出法律案。

（二）審議

1. 法律案及預算案均須經三讀會之程序（參閱：立法院職權行使法）
   (1) 第一讀會：由主席將議案宣付朗讀後，即交付有關委員會審查（付委）；但有出席委員提議，二十人以上連署或附議，經表決通過得逕付二讀或不予審議。
   (2) 委員會審查：法案經有關委員會審查完畢後，應向院會提出報告。且委員會於審查法案時，得邀請政府人員及社會上有關係人員到會備詢。
   (3) 第二讀會：就各委員會審查意見或原案要旨，作廣泛討論，逐條朗讀議決。如經出席委員提議，十五人以上連署或附議，經表決通過，得重付審查或撤銷之。法律案在二讀會逐條討論，有一部份已經通過，其餘仍在住行中時，如對本案立法之原旨有異議，由出席委員提議，二十五人以上連署或附議，經表決通過，得將全案重付審查；但重付審查以一次為限。
   (4) 第三讀會：除發現議案內容有互相牴觸，或與憲法及其他法律牴觸者外，只得為文字上之修正，並應將全案付表決。

   政府機關及立法委員提出之議案，每屆立法委員任期屆滿時，尚未完成委員會審查之議案，下屆不予繼續審議。此謂之「法案不連續原則」。

2. 議案經討論後，主席應即提付表決，或徵得出席委員同意後，定期表決。以出席委員過半數之同意為表決通過。

（三）覆議

   依《憲法》第 57 條或《憲法增修條文》第 3 條之規定，行政院認為立法院通過的法律案有窒礙難行時，得經總統核可移請立法院覆議。（通常並無此程序）

（四）公布

立法院通過之法律，應移請總統及行政院，總統應於收到後十日內公布之；公布時須經行政院院長，或行政院院長及有關部會首長之副署。

🔨 二、監督財政權

（一）議決預算權

依《憲法》第 59 條規定：「行政院於會計年度開始三個月前，應將下年度預算提出於立法院。」自民國 90 年起，我國會計年度改為 1 月 1 日開始，故下年度預算案須於今年的 9 月底以前提出由立法院審議。

另依《憲法》第 70 條規定：「立法院對於行政院所提預算案，不得為增加支出之提議。」如民國 78 年 12 月，立法院通過「請行政院在本（七十九）年度再加發半個月公教人員年終工作獎金，以激勵士氣，其預算再行追加。」之決議。經大法官會議釋字第 264 號解釋係就預算案為增加支出之提議，與憲法規定牴觸，不生效力。

（二）審查決算權

依《憲法》第 60 條規定：「行政院於會計年度結束後四個月內，應提出決算於監察院。」又第 105 條規定：「監察院審計長應於行政院提出決算後三個月內，依法完成其審核，並提出審核報告於立法院。」故監察院至遲須於 7 月底之前，將決算審核報告提交立法院，此為「間接事後財政監督」的效用（許育典，2016：417）。

⚖️ 三、議決國家重要事項之權

依《憲法》第 63 條之規定，立法院除有議決前述法律案、預算案之權外，另外對於戒嚴案、大赦案、宣戰案、媾和案、條約案及國家其他重要事項亦有議決之權。

⚖️ 四、同意任命權

依《憲法》原條文之規定，行政院院長及監察院審計長，由總統提名，經立法院同意任命之。(§55，§104)但第四次修憲後，行政院院長由總統直接任命，使得立法院原同意權行使的對象僅限於審計長是也。民國 89 年修憲後，配合國民大會職權調整，將原有對於司法院、考試院以及監察院的人事同意權，移交立法院行使。

另外，依《憲法增修條文》第 2 條第 7 項規定：「副總統缺位時，總統應於三個月內提名候選人，由立法院補選，繼任至原任期屆滿為止。」因此，立法院對於副總統缺位的補選，也是一項針對總統提名候選人的同意權行使。

⚖️ 五、議決國庫補助經費之權

依《憲法》第 109 條之規定：「各省辦理該條所列事務，其經費不足時，經立法院議決，由國庫補助之。」然而立法院進行此項議決時，是否可要求省（直轄市）、縣首長列席報告，曾引發爭議…。

關於地方政府人員有無赴立法院委員會備詢義務？依據司法院大法官會議釋字第 498 號解釋指出：「地方自治為憲法所保障之制度。…地方自治團體在憲法及法律保障之範圍內，享有自主與獨立之地位，國家機關自應予以尊重。立法院所設各種委員會，依憲法第六十七條第二項規定，雖得邀請地方自治團體行政機關有關人員到會備

詢，但基於地方自治團體具有自主、獨立之地位，以及中央與地方各設有立法機關之層級體制，地方自治團體行政機關公務員，除法律明定應到會備詢者外，得衡酌到會說明之必要性，決定是否到會。於此情形，地方自治團體行政機關之公務員未到會備詢時，立法院不得因此據以為刪減或擱置中央機關對地方自治團體補助款預算之理由，以確保地方自治之有效運作，及符合憲法所定中央與地方權限劃分之均權原則。」

⚖ 六、解決中央與地方權限爭議之權

依《憲法》第 111 條之規定：「對於中央與地方事務性質之歸屬，而憲法未有列舉，且遇有爭議時，由立法院解決之。」此項安排在學理上遭質疑，立法院有球員兼裁判之嫌，而適當的裁決機關應交由司法院來解釋，較具客觀超然地位（許育典，2016：418）。事實上釋字第 260 號解釋的理由書即已指出，機關係就適用憲法關於地方自治立法權限劃分之規定，發生疑義聲請解釋。

⚖ 七、提出憲法修正案之權

立法委員 1/4 之提議，3/4 之出席，及出席委員 3/4 之決議，擬定憲法修正案，提請公民複決。此項憲法修正案，應於半年前公告之。

⚖ 八、調閱文件（調查）之權

立法委員為瞭解議案有關事項，得經院會或委員會之決議，要求有關機關提供參考資料，必要時並得經院會決議調閱文件原本，以符憲法關於立法委員集體行使職權之規定。（司法院釋字第 325 號解釋）。另立法院職權行使法亦設有專章規定，立法院經院會決議，得

設調閱委員會，或經委員會之決議，得設調閱專案小組，要求有關機關就特定議案涉及事項提供參考資料。（集體性）

有關「三一九槍擊事件真相調查特別委員會條例是否違憲？」釋字第 585 號解釋(93/12/17)

立法院為有效行使憲法所賦予之立法職權，本其固有之權能自得享有一定之調查權，主動獲取行使職權所需之相關資訊，俾能充分思辯，審慎決定，以善盡民意機關之職責，發揮權力分立與制衡之機能。立法院調查權乃立法院行使其憲法職權所必要之輔助性權力，基於權力分立與制衡原則，立法院調查權所得調查之對象或事項，並非毫無限制。除所欲調查之事項必須與其行使憲法所賦予之職權有重大關聯者外，凡國家機關獨立行使職權受憲法之保障者，即非立法院所得調查之事物範圍。又如行政首長依其行政權固有之權能，對於可能影響或干預行政部門有效運作之資訊，均有決定不予公開之權力，乃屬行政權本質所具有之行政特權。立法院行使調查權如涉及此類事項，即應予以適當之尊重。如於具體案件，就所調查事項是否屬於國家機關獨立行使職權或行政特權之範疇，或就屬於行政特權之資訊應否接受調查或公開而有爭執時，立法院與其他國家機關宜循合理之途徑協商解決，或以法律明定相關要件與程序，由司法機關審理解決之。

立法院調查權行使之方式，並不以要求有關機關就立法院行使職權所涉及事項提供參考資料或向有關機關調閱文件原本之文件調閱權為限，必要時並得經院會決議，要求與調查事項相關之人民或政府人員，陳述證言或表示意見，並得對違反協助調查義務者，於科處罰鍰之範圍內，施以合理之強制手段，本院釋字第 325 號解釋應予補充。惟其程序，如調查權之發動及行使調查權之組織、個案調查事項之範

圍、各項調查方法所應遵守之程序與司法救濟程序等，應以法律為適當之規範。於特殊例外情形，就特定事項之調查有委任非立法委員之人士協助調查之必要時，則須制定特別法，就委任之目的、委任調查之範圍、受委任人之資格、選任、任期等人事組織事項、特別調查權限、方法與程序等妥為詳細之規定，並藉以為監督之基礎。各該法律規定之組織及議事程序，必須符合民主原則。其個案調查事項之範圍，不能違反權力分立與制衡原則，亦不得侵害其他憲法機關之權力核心範圍，或對其他憲法機關權力之行使造成實質妨礙。如就各項調查方法所規定之程序，有涉及限制人民權利者，必須符合憲法上比例原則、法律明確性原則及正當法律程序之要求。

過去我國在五權憲法架構下，將國會調查權自立法院權限中切割交予監察院，致立法院成為殘缺不全的國會（許慶雄，2000：375），儘管解釋文中宣告「真調會條例」部分條文違憲，但是經由這項解釋終於確認立法院擁有調查權。

⚖ 九、不信任案權

依《憲法增修條文》第 3 條第 2 項規定：「立法院得經全體立法委員 1/3 以上連署，對行政院院長提出不信任案。不信任案提出 72 小時後，應於 48 小時內以記名投票表決之。如經全體立法委員 1/2 以上贊成，行政院院長應於 10 日內提出辭職，並得同時呈請總統解散立法院；不信任案如未獲通過，一年內不得對同一行政院院長再提不信任案。」在此制度設計之下，立法委員若考量不信任案通過，可能引來解散立法院（重新改選），恐對不信任案的提出有所忌憚。同時，行政院長有如總統施政的待罪羔羊，致國家權力間欠缺實質的監督制衡關係，似乎有違權力分立原則（許育典，2016：417）。

十、罷免與彈劾總統、副總統提案權

依《憲法增修條文》第 2 條第 9 項規定：「總統、副總統之罷免案，須經全體立法委員 1/4 之提議，全體立法委員 2/3 同意後提出，並經中華民國自由地區選舉人總額過半數之投票，有效票過半數同意罷免時，即為通過。」

另依《憲法增修條文》第 4 條第 7 項及第 2 條第 10 項規定：「立法院對於總統、副總統之彈劾案，須經全體立法委員 1/2 以上之提議，全體立法委員 2/3 以上之決議，聲請司法院大法官審理，經憲法法庭判決成立時，被彈劾人應即解職。」

7-4　立法院的會議

一、會期

（一）常會

依《憲法》第 68 條之規定：「立法院會期，每年兩次，自行集會。第一次自二月至五月底，第二次自九月至十二月底，必要時得延長之。」

（二）臨時會

依《憲法》第 69 條之規定：「立法院遇有左情形之一時，得開臨時會：

1. 總統之咨請：例如：追認緊急命令（憲增修§2III），遇有宣戰、戒嚴或其他國家重大事變時(§58II)。

2. 立法委員 1/4 以上之請求：如提憲法修正案，則由立法院院長召集。

3. 立法院在休會期間，如遇行政院移送立法院之覆議案，立法院應於七日內「自行集會」對覆議案作成決議（憲增修§3II）。

二、開議

　　依《立法院職權行使法》規定：「立法院會議，須有立法委員總額三分之一出席，始得開會。」（《立法院職權行使法》§4）

三、決議

（一）一般決議

　　以出席委員過半數之同意行之，可否同數時，取決於主席。（《立法院職權行使法》§6）

（二）特別決議

1. 提出憲法修正案及領土變更案，須立委 1/4 提議，3/4 之出席，出席委員 3/4 之決議。

2. 提案彈劾總統、副總統，須有全體立法委員 2/3 以上之決議。

3. 提案罷免總統、副總統，須經全體立法委員 1/4 提議，2/3 之同意。

四、備詢與列席

　　依《憲法》第 67 條第 2 項規定：「各種委員會得邀請政府人員及社會上有關係人員到會備詢。」本條所稱人員係應立法院之邀請而來

提供諮詢，彼等似無必須出席的義務（法治斌、董保城，2004：366）。

　　依《憲法》第 71 條規定：「立法院開會時，關係院院長及各部會首長得列席陳述意見。」依釋字第 3 號解釋：「憲法第七十一條，即憲草第七十三條，原規定『立法院開會時，行政院院長及各部會首長得出席陳述意見』，經制憲當時出席代表提出修正，將『行政院院長』改為『關係院院長』。其理由為『考試院、司法院、監察院就其主管事項之法律案，關係院院長自得列席立法院陳述意見』，經大會接受修正如今文，足見關係院院長係包括立法院以外之各院院長而言。」

　　又依釋字第 461 號解釋：「…至司法、考試、監察三院既得就其所掌有關事項，向立法院提出法律案；各該機關之預算案並應經立法院審查，則其所屬非獨立行使職權而負行政職務之人員，於其提出之法律案及有關預算案涉及之事項，亦有依上開憲法規定，應邀說明之必要。惟司法、考試、監察三院院長，固得依憲法第七十一條規定列席立法院會議陳述意見，若立法院所設各種委員會依憲法第六十七條第二項規定邀請政府人員到會備詢，本於五院間相互尊重之立場，並依循憲政慣例，得不受邀請列席備詢。三院所屬獨立行使職權，不受任何干涉之人員，例如法官、考試委員及監察委員亦同。」

司法院

8-1 司法院的性質與地位

一、司法權的獨立

（一）司法組織獨立

在五權分立之下，司法院與其他四院立於平等的地位，各級司法機關，亦應脫離行政機關之組織系統而獨立運作。

（二）司法審判獨立

依《憲法》第 80 條規定：「法官須超出黨派以外，依據法律獨立審判，不受任何干涉。」

1. **法官須超出黨派以外**：其意並非指法官不能加入政黨，而只是強調雖可加入政黨，但不能參與政黨活動，以保持超然的地位。

2. **依據法律獨立審判**：指以法律為審判之主要依據。

3. **不受任何干涉**：指法官行使職權，不但對外不受其他機關的干涉，就是在司法機關內部，法官也不受上級機關的指揮或命令。亦即每個法庭的審判都是獨立的，上級法院對下級法院的審判，只能於其宣示判決之後，依上訴程序，變更其判決，在法官進行審判時，絕對不得干涉。

（三）司法人事獨立

依《憲法》第 81 條規定：「法官為終身職，非受刑事或懲戒處分，或禁治產之宣告，不得免職。非依法律不得停職，轉任或減俸。」此意謂法官應獲終身保障，因為法官的職位有相當的保障之下，才能使其不畏權勢，以貫徹法官獨立之審判。

（四）司法預算獨立

依《憲法增修條文》規定，司法院所提出之年度司法概算，行政院不得刪減，但得加註意見，編入中央政府總預算，送立法院審議。（司法院預算不受行政部門之干預，以強化司法獨立之功能）。

二、司法院的地位

依《憲法》第 77 條規定：「司法院為國家最高司法機關，掌理民事、刑事、行政訴訟之審判及公務員之懲戒。」各級法院、行政法院及公務員懲戒委員會，雖均獨立行使職權，但在組織體系上，仍屬於司法院之掌理範圍，而為司法院之隸屬機關。另民國 49 年司法院大法官會議釋字第 86 號解釋：「憲法第七十七條所定司法院為國家最高司法機關，掌理民事刑事之審判。係指各級法院民事、刑事訴訟之審判而言。高等法院以下各級法院，既分掌民事、刑事訴訟之審判，自亦應隸屬於司法院。」確立「審檢分隸」的原則。（民國 69 年）將高等法院以下各級法院及分院改隸司法院，司法行政部更名為法務部，監督各級檢察單位，並主管監所及司法保護的行政事務。

8-2　司法院的組織

一、司法院院長、副院長

（一）產生方式

依《憲法》第 79 條前段之規定：「司法院設院長、副院長各一人，由總統提名，經監察院同意任命之。」修憲後，監察院已非民意

機關，故憲法增修條文將同意權改由國民大會來行使；惟民國 89 年之修憲，同意權再改由立法院行使之。

（二）任期

關於司法院院長、副院長之任期，憲法及司法院組織法均無明文規定。因其係由總統提名，故法理上可認定其與總統任期同。依憲法增修條文亦規定，並為院長、副院長之大法官，不受任期之保障。

（三）職權

1. 綜理院務及監督所屬機關。（《司法院組織法》第 8 條）

2. 主持大法官會議。（大法官案件審理第 16 條）

3. 參與總統召集解決院際之爭執。（第 44 條）

4. 主持五院委員會解決省自治之重大障礙。（第 115 條）

5. 擔任總統、副總統就職之監誓人。（《總統副總統宣誓條例》第 4 條）

二、大法官會議（憲法法庭）

（一）組織

依《憲法增修條文》的規定：司法院設大法官十五人，並以其中一人為院長，一人為副院長，由總統提名，經立法院同意任命之。

（二）任期

司法院大法官任期八年，不分屆次，個別計算，並不得連任。但並為院長、副院長之大法官，不受任期之保障。中華民國 92 年總統

提名之大法官，其中八位大法官，含正、副院長，任期四年，其餘大法官任期為八年。

由此可知，修憲後，關於司法院組織之變革，包括以下幾項：

1. 明定大法官人數（15 人）及任期（8 年）。

2. 司法院院長、副院長具有大法官之身分。

3. 建立大法官經驗傳承之制度。

　　2018 年 12 月立法院三讀通過「大法官審理案件法修正草案」，該法修正定名為《憲法訴訟法》，將大法官會議改制為「憲法法庭」，引進憲法審查制度，把大法官憲法審查效力擴及於個別的終審裁判，等於是建立第四審制度。《憲法訴訟法》於 2022 年 1 月 4 日正式實施。

（三）職權

1. 憲法審查及裁判案件。

2. 機關爭議案件。

3. 總統、副總統彈劾案件。

4. 政黨違憲解散案件。

5. 地方自治保障案件。

6. 統一解釋法律及命令案件。

　　總統、副總統彈劾及政黨違憲解散案件，其判決應本於言詞辯論為之；其餘案件，判決得不經言詞辯論為之。又依《憲法訴訟法》第 26 條規定，憲法法庭行言詞辯論，應有大法官現有總額三分之二以上出席參與；未參與言詞辯論之大法官不得參與評議及裁判。

　　另民國 89 年修憲，通過「大法官優遇之限制」，即司法院大法官除法官轉任者外，不適用《憲法》第 81 條及有關法官終身職待遇之規定。

🔨 三、隸屬機關

（一）各級法院

　　我國審理民、刑事法院採三級三審制，依法院組織法之規定，稱為最高法院、高等法院、地方法院。各級法院各置院長一人，由法官兼任。地方法院審判案件，以法官一人獨任或三人合議行之。高等法院審判案件，以法官三人合議行之。最高法院審判案件，除法律另有規定外，以法官五人合議行之。

（二）行政法院

　　掌理全國行政訴訟審判事務，分設高等行政法院與最高行政法院，各置院長一人，由法官兼任，綜理全院行政事務。高等行政法院之審判，以法官三人合議行之；但地方行政訴訟庭審理簡易訴訟程序、交通裁決事件程序及收容聲請事件程序，以法官一人獨任行之。最高行政法院之審判，除法律另有規定外，以法官五人合議行之。

（三）懲戒法院

　　前身為公務員懲戒委員會掌管公務員之懲戒事宜，於 2020 年 7 月 17 日更名為「懲戒法院」。置院長一人，特任，綜理全院行政事務，並任法官；法官九人至十五人。懲戒法庭第一審案件之審理及裁判，以法官三人合議行之，並由資深法官充審判長，資同以年長者充之；第二審案件之審理及裁判，以法官五人合議行之，並由院長充審判長，院長有事故時，以庭員中資深者充之，資同以年長者充之。

　　至於法官身分之界定，依司法院大法官會議釋字第 13 號解釋：「憲法第八十一條所稱之法官，係指同法第八十條之法官而言，不包括檢察官在內。但實任檢察官之保障，…與實任推事同。」因為既稱「依據法律，獨立審判」，故所謂法官，當然是指以審判為任務之法官而言，且惟有此類法官，始能不受上級之干涉，行使職權；與檢察官之須受上級指揮監督，以行使偵察起訴等職權者，頗不相同。又行政法院評事，公務員懲戒委員會委員（現已改稱懲戒法院法官），依大法官會議釋字第 162 號解釋，均應認係憲法上所稱之法官。

8-3　司法院的職權

一、民、刑事訴訟之審判權

　　法院分地方法院、高等法院、最高法院三級；負責審判民事、刑事及其他法律規定訴訟案件，並依法管轄非訟事件（《法院組織法》第 1&2 條）。

二、行政訴訟之審判權

　　人民因中央或地方機關之違法行政處分，認為損害其權利或法律上之利益，經依訴願法提起訴願而不服其決定，或提起訴願逾三個月不為決定，或延長訴願決定期間逾二個月不為決定者；對其依法申請之案件，於法令所定期間內應作為而不作為，認為其權利或法律上利益受損害者，經依訴願程序後；得向行政法院提起撤銷訴訟，或請求該機關應為行政處分之訴訟（《行政訴訟法》第 4&5 條）。

⚖ 三、公務員之懲戒權

公務員違法執行職務、怠於執行職務或其他失職行為。或非執行職務之違法行為，致嚴重損害政府之信譽。而受監察院彈劾者，應移送懲戒法院審議。但各院、部會首長或地方最高行政長官，如認為所屬薦任第九職等或相當於薦任第九職等以下之公務員，有違法或失職者，得逕行移送懲戒法院審議。又依《公務員懲戒法》第 9 條規定，公務員之懲戒處分如下：一、免除職務。二、撤職。三、剝奪、減少退休（職、伍）金。四、休職。五、降級。六、減俸。七、罰款。八、記過。九、申誡。其中第四款、第五款及第八款之處分於政務人員不適用之。

⚖ 四、憲法法庭之審理裁判權

（一）憲法審查及裁判案件

1. 國家機關，因行使職權，就所適用之法規範，認有牴觸憲法者，得聲請憲法法庭為宣告違憲之判決（《憲法訴訟法》第 47 條）。

2. 立法委員現有總額四分之一以上，就其行使職權，認法律位階法規範牴觸憲法者，得聲請憲法法庭為宣告違憲之判決（《憲法訴訟法》第 49 條）。

3. 各法院就其審理之案件，對裁判上所應適用之法律位階法規範，依其合理確信，認有牴觸憲法，且於該案件之裁判結果有直接影響者，得聲請憲法法庭為宣告違憲之判決（《憲法訴訟法》第 55 條）。關於法令有無牴觸憲法。另釋字第 371 號解釋：「法官於適用法令發生牴觸憲法之疑義時，得聲請大法官會議解釋」（1995 年）。

4. 人民就其依法定程序用盡審級救濟之案件，對於受不利確定終局裁判所適用之法規範或該裁判，認有牴觸憲法者，得聲請憲法法庭為宣告違憲之判決（《憲法訴訟法》第 59 條）。

（二）機關爭議案件

國家最高機關，因行使職權，與其他國家最高機關發生憲法上權限之爭議，經爭議之機關協商未果者，得聲請憲法法庭為機關爭議之判決（《憲法訴訟法》第 65 條）。

（三）總統、副總統彈劾案件

依《憲法增修條文》第 4 條規定：「立法院對於總統、副總統之彈劾案，須經全體立法委員 1/2 以上之提議，全體立法委員 2/3 以上之決議，聲請司法院大法官審理，經憲法法庭判決成立時，被彈劾人應即解職。」（並依《憲法訴訟法》第 68 條規定判決）

（四）政黨違憲解散案件

依《憲法增修條文》規定，政黨之目的或其行為，危害中華民國之存在或自由民主憲政秩序者為違憲，憲法法庭應以宣告其解散之判決。宣告政黨解散之判決，其評決應經大法官現有總額三分之二以上同意（《憲法訴訟法》第 80 條）。

（五）地方自治保障案件

地方自治團體之立法或行政機關，因行使職權，認所應適用之中央法規範牴觸憲法，對其受憲法所保障之地方自治權有造成損害之虞者，得聲請憲法法庭為宣告違憲之判決（《憲法訴訟法》第 82 條）。

（六）統一解釋法律及命令案件

　　人民就其依法定程序用盡審級救濟之案件，對於受不利確定終局裁判適用法規範所表示之見解，認與不同審判權終審法院之確定終局裁判適用同一法規範已表示之見解有異，得聲請憲法法庭為統一見解之判決（《憲法訴訟法》第 84 條）。

　　至於前述各項審理事件的判決或裁定規定如下表：

	憲法法庭		
判決裁定	1. 法規範憲法審查及裁判憲法審查案件。 2. 機關爭議案。 5.地方自治保障案件。	3. 總統、副總統彈劾案件。 4. 政黨違憲解散案件。	6. 統一解釋法律及命令案件。
參與評議人數	現有總額 2/3 （10 人以上） （§30）	現有總額 2/3 （10 人以上） （§30）	現有總額過半數 （8 人以上） （§87）
同意人數	現有總額過半數 （8 人以上） （§30）	現有總額 2/3 （10 人以上） （§75、§80）	參與評議過半數 （5~8 人以上） （§87）

*引自司法院網站憲法訴訟新制簡介修改而成

⚖ 五、省縣自治之監督權

1. 省自治法制定後，須即送司法院。司法院如認為有違憲之處，應將違憲條文宣布無效。（憲§114）

2. 省自治法施行中，如因其中某條發生重大障礙，經司法院召集有關方面陳述意見後，由行政院院長、立法院院長、司法院院長、考試院院長與監察院院長組織委員會，以司法院院長為主席，提出方案解決之。(憲§115)

3. 省法規與國家法律有無牴觸發生疑義時，由司法院解釋之。(憲§117)

六、法律提案權

依司法院大法官會議釋字第 175 號解釋：「司法院…就其所掌有關司法機關之組織及司法權行使之事項，得向立法院提出法律案。」

MEMO

考試院

📜 9-1 　考試院的性質與地位

　　就五權憲法的架構來看，考試權乃是從行政權中劃分出來，而交予與行政院平行的考試院獨立行使，考試院亦屬於治權機關。依《憲法》第 83 條之規定：「考試院為國家最高考試機關」，是為考試院之地位。又依憲法所規定考試院之職權，非僅單純的考試權而已，亦包括人事行政的範疇。因此，考試院不僅是國家最高考試機關，同時也是全國最高人事機關。但至民國 56 年增訂動員戡亂臨時條款，設置行政院人事行政局，辦理行政院所轄各級行政機關及公營事業機構之人事行政事項。憲法增修條文仍維持該項制度，且將考試院的職權予以調整，使得考試院與行政院人事行政總處（101 年改制），兩者對於人事行政權的權責予以劃分。惟人事行政總處有關考銓業務，應受考試院之監督。

📜 9-2 　考試院的組織

🔨 一、考試院院長、副院長

（一）產生方式

　　依《憲法》第 84 條規定：「考試院院長、副院長，…由總統提名，經監察院同意任命之。」但依民國 81 年第二次修憲的《憲法增修條文》規定，監察委員民意代表的性質改變，致同意權之行使，亦隨之歸屬於國民大會。至民國 89 年通過「任務型」國民大會的修憲，同意權再改由立法院行使之。

（二）任期

　　《憲法》原條文及《憲法增修條文》，均未針對任期加以規定，依民國 36 年制定的考試院組織法規定，任期為 6 年。迄至民國 109 年組織法修正通過施行，縮短為 4 年。

🔨 二、考試委員

（一）產生方式

　　依《憲法》原條文及《憲法增修條文》之規定，設考試委員若干人；其產生方式與考試院院長、副院長同。但依民國 36 年修訂的考試院組織法則明定，設考試委員 19 人。迄至民國 109 年組織法修正通過，縮減為 7 人至 9 人，且具有同一黨籍者，不得超過委員總額二分之一。

（二）任期

　　依考試院組織法之規定，任期為 4 年。

（三）職權行使

　　依《憲法》第 88 條規定：「考試委員須超出黨派以外，依據法律，獨立行使職權。」

🔨 三、隸屬機關

　　依《考試院組織法》之規定，考試院陸續設考選部、銓敘部、公務人員保障暨培訓委員會、公務人員退休撫卹基金監理委員會等隸屬機關，民國 112 年組織法修正通過，廢止《公務人員退休撫卹基金管理委員會組織條例》，考試院精簡為「二部一會」。

（一）考選部

掌理全國考選行政事宜，並對於承辦考選行政事務之機關有指示監督之權。

（二）銓敘部

掌理全公務人員之銓敘及各機關人事機構之管理。

（三）公務人員保障暨培訓委員會

負責公務人員的保障培育、訓練、進修的政策制定與執行（於民國 85 年 6 月 1 日設立）。依組織法規定置委員十人至十四人，其中五人至七人專任，職務比照簡任第十三職等，由考試院院長提請總統任命之；餘五人至七人兼任，由考試院院長聘兼之；任期均為三年，任滿得連任。且專任委員具有同一黨籍者，不超過其總額二分之一。

（四）典試委員會

依《典試法》規定，國家考試之舉行，應由考選部報請考試院核定設典試委員會；辦理典試事宜。此為臨時性任務編組。

📜 9-3 考試院的職權

⚖️ 一、考試權

依《憲法》第 85 條規定：「公務人員之選拔，應實行公開競爭之考試制度，並應按省區分別規定名額，分區舉行考試。非經考試及格者，不得任用。」考試院依照此一規定，於 37 年全國性公務人員考試公告依據考試法，及內政部 37 年全國戶口統計總表所列各省區人

口數，規定各省區錄取定額比例標準。政府於 39 年遷臺後，第一次在臺北市舉行全國性公務人員高普考試，亦明定應按省區分定錄取名額。民國 78 年為最後一次按省區分定錄取名額的高普考試，各省區定額比例數合計為 600 人，包括臺灣省定額比例數為 22 人；儘管為求實際合理取才之需，事實上自民國 50 年以後，對臺灣省籍應考人雖已適度採取符合錄取標準，增加倍數錄取人數的作法，但此一欠缺因地制宜的現象，仍遭致省籍歧視之非議。（參閱：張麗雪，考選論壇季刊第 1 卷第 2 期）

至民國 81 年修憲通過《憲法增修條文》規定：「憲法第八十五條有關按省區分別規定名額，分區舉行考試之規定，停止適用。」立法院於 85 年 1 月修正公布公務人員考試法，原憲法有關「分省定額」之法源始完全走入歷史。

其次，針對基層特考同樣試題但各縣市最低錄取標準不同是否違憲？司法院釋字第 341 號解釋：「特種考試臺灣省基層公務人員考試規則係考試院依其法定職權訂定，該規則第三條規定，本項考試採分區報名，分區錄取及分區分發，並限定錄取人員須在原報考區內服務滿一定期間，係因應基層機關人力需求及考量應考人員志願，所採取必要之措施，與憲法第七條平等權之規定，尚無牴觸。」即同類科各考區錄取標準有所不同，應合於憲法平等原則之精神。（83 年 03 月 11 日）。

另外，政府為了鼓勵高學歷人才進入高階文官體系，於 1968 年首開甲等特考；讓具有碩、博士學歷者，或教授、副教授資格者，不必參與國家考試，只要審查個人著作，再經口試，就能直接獲得簡任官資格。1980 年起，為了幫任期屆滿的民選縣、市長安排出路，新增任職滿 6 年以上的縣、市長具甲等特考的應考資格的條款。由於用

人機關可以依其需要申請開設考科，往往讓甲等特考成為不具資格的現職人員（俗稱黑官），迅速取得正式公務員資格的漂白途徑。總計政府在 1968 年至 1988 年這 20 年間，共舉辦 10 次甲等特考，錄取 503 人。甲等考試「黑官漂白」的作法，嚴重違背公平競爭原則。1995 年底立法院終於通過公務人員考試法及任用法之修正，正式廢除甲等特考。

⚖ 二、銓敘權

依《憲法增修條文》之規定，考試院之職權，除考試權外，另包括公務人員之銓敘、保障、撫卹、退休，以及公務人員任免、考績、級俸、升遷、褒獎之法制事項。依此規定，考試院對於銓敘、保障、撫卹、退休仍擁有法制政策與執行的完整權力。至於任免、考績、級俸、陞遷、褒獎等事項考試院僅負責法制事項，其實際業務則由行政院人事行政局掌理。另憲法原有之養老一項不再列入考試院之職權，而劃歸衛生福利部之業務範疇。

⚖ 三、保障與培訓權

依公務員保障暨培訓委員會組織法之規定，主要分為保障與培訓兩項職權。

（一）保障業務

依公務人員保障法規定，執行公務人員身分、工作條件、官職等級、俸給與其他公法上財產權等有關權益保障。以及公務人員權益之救濟，包括下列 2 種程序：

1. **復審**：對於服務機關或人事主管機關所為之足以改變其身分關係、或基於身分所產生之公法上財產請求權、或對公務人員權益有重大影響之行政處分，得向保訓會提起復審救濟。

2. **再申訴**：對於服務機關所為之管理措施或有關工作條件之處置認為不當，致影響其權益者，得先向服務機關提起申訴，如有不服，再向保訓會提起再申訴。

（二）培訓業務

依《公務人員訓練進修法》規定，保訓會職掌事關全國一致性質之公務人員訓練進修法制，統一解釋有關訓練進修事項，並監督各機關訂定年度訓練進修計畫。並依組織法第 9 條規定，設國家文官學院推動相關業務。

四、提案權

依《憲法》第 87 條之規定：「考試院關於所掌事項，得向立法院提出法律案。」

監察院

📝 10-1 ▷ 監察院的性質與地位

憲法依據 中山先生之遺教，規定監察院為國家最高監察機關，以獨立行使其職權，其性質亦屬政府五種治權之一。依司法院釋字第 76 號解釋，監察院相當於西方政制中之國會，即監察院之地位，與歐美各國兩制中之參議院（上議院）頗為相似。依《憲法》第 90 條之規定：「監察院為國家最高監察機關，行使同意、彈劾、糾舉及審計權。」又依《憲法增修條文》之規定：監察委員由總統提名經立法院同意任命之，且須超出黨派獨立行使職權。可知監察院已非中央民意機構，而轉變為「準司法機關」。

📝 10-2 ▷ 監察院的組織

⚖️ 一、監察委員，監察院院長、副院長

（一）產生方式

1. 依《憲法》第 91 條之規定：「…監察委員，由各省市議會，蒙古西藏地方議會，及華僑團體選舉之，…。」

2. 依《憲法增修條文》之規定：「監察院設監察委員 29 人，並以其中一人為院長，一人為副院長，任期六年，由總統提名，經立法院同意任命之。」

（二）任期

依《憲法》及《憲法增修條文》之規定，均為 6 年。

（三）限制

1. 兼職限制

依《憲法》第 103 條規定：「監察委員不得兼任其他公職或執行業務。」所謂公職，不僅以官吏為限，即中央與地方民意代表，公營事業機關之董事等職位，與受有俸給之文武職公務員，均屬之。而所謂執行業務，如民營公司之董事、監察人員及經理人所執行之業務，而律師、會計師…等亦不能執行。

2. 特殊限制

(1) 審查委員之迴避：彈劾案（糾舉案）之審查委員與該案有關係者，應行迴避。(《監察法》§11)

(2) 院長之不干涉義務：監察院院長對於彈劾案，不得指使或干涉。(《監察法》§12)

(3) 嚴守祕密：監察院人員對於彈劾案，在未經審查決定確定前，不得對外宣洩。(《監察法》§13)

二、委員會

依《憲法》第 96 條規定：「監察院得按行政院及各部會之工作，分設若干委員會，調查一切措施，注意其是否違法或失職。」故依《監察院委員會組織法》之規定，監察院設有內政及族群委員會、…等七個委員會，每一委員以任三個委員會委員為限。另得應業務需要，於院內設特種委員會。(110/5/12)

三、審計長

依《憲法》第 104 條規定：「監察院審計長，由總統提名，經立法院同意任命之。」任期 6 年（《審計部組織法》）。又審計部在各省

（市）設審計處，於各縣（市）酌設審計室；各種公務機關，公有事業、營業機關則設審計處（室），分別執行審計職權。又依《審計法》之規定：「審計人員獨立行使其審計職權，不受干涉。」

大法官會議釋字第 357 號解釋：審計部組織法第三條關於審計長任期為六年之規定，目的在確保審計長職位之安定，使其能在一定任期內，超然獨立行使職權，故與憲法並無牴觸。（83/7/8）

⚖️ 四、國家人權委員會

依監察院組織法設國家人權委員會，又依《監察院國家人權委員會組織法》規定置委員 10 人，由監察院長擔任主任委員，職掌侵害人權或歧視事件之調查、針對國家人權政策之研究檢討與建議等事項。(2019/12/10)

📝 10-3 監察院的職權

⚖️ 一、彈劾權

指對於違法失職之政府官員，所行使的一種控訴權。其對象與程序如下：

（一）一般公務人員

包括中央及地方，並及於司法院、考試院與監察院人員，另軍人亦屬之。其程序須經監察委員二人以上之提議，九人以上之審查及決定，成立後向懲戒機關提出。又彈劾案之審查會，應以記名投票表決，以投票委員過半數同意成立決定之。（《監察法》§8）

（二）總統、副總統

　　立法院對於總統、副總統之彈劾案，須經全體立法委員二分之一以上之提議，全體立法委員三分之二以上之決議，聲請司法院大法官審理，不適用憲法第九十條、第一百條及增修條文第七條第一項有關規定。（憲增修§4Ⅶ）

◆ 表 10-1　彈劾權行使之類別

對象	程序	審理機關	懲戒結果
總統、副總統	全體立法委員 1/2 以上提議，2/3 以上決議。	憲法法庭	應即解職
一般公務人員	監察委員 2 人以上提議，9 人以上審查及決定。	懲戒法院	免除職務，撤職，剝奪或減少退休（職、伍）金，休職，降級，減俸，罰款，記過，申誡。

　　依司法院大法官會議之解釋，彈劾權行使的對象，不及於各級民意代表。惟修憲後，監察性質已改變，監察委員不再具有民意代表身分，故依《憲法增修條文》規定，監察院人員亦成為彈劾權行使之對象。

　　又依大法官會議釋字第 262 號解釋：監察院對軍人提出彈劾案時，應移送公務員懲戒委員會審議（懲戒法院）。

　　例如 2013 年陸軍下士洪仲丘虐死案引發國人高度關切，隔年監察院通過 103 年劾字第 8 號彈劾案：「陸軍六軍團 542 旅前少將沈姓旅長，對於依規定不應處以悔過懲罰之簽呈竟予核准，又未克盡職責，於收受洪仲丘求救簡訊後，草率處理，未能確實查明悔過懲罰之適法性；該旅前上校何姓副旅長未盡其協助旅長之責，且身為該旅資

訊安全長，竟同意士官違反資安規定，以悔過懲罰相繩，更促使所屬加速辦理；269 旅前少將楊姓旅長未盡督導職責，該旅楊梅高山頂營區禁閉（悔過）室設置不當、管理人員資格不符、作業程序未依規定、教育訓練紀律鬆弛，肇生洪仲丘死亡案，引發社會震盪，重創國軍聲譽，均核有重大違失，爰依法提案彈劾。」2018 年 7 月公務員懲戒委員會（懲戒法院）審理後，判決被彈劾人分別予以降級改敘與申誡之處分。

⚖️ 二、糾舉權

監察院對於公務人員，認為有失職或違法情事，得提出糾舉案（《憲法》§97II前段）。糾舉案的提出，必須要認為「應先予以停職或其他急速處分時」，經監察委員三人之審查及決定，送交被糾舉人之主管長官或其上級長官（《監察法》§19）。且應於接到糾舉書後，至遲應於一個月內依公務員懲戒法之規定予以處理，並得先予停職或為其他急速處分，其認為不應處分者，應即向監察院聲復理由（《監察法》§21）。

例如 2021 年監察委員提出 110 年糾字第 1 號糾舉案：「法務部矯正署桃園少年輔育院院長兼任誠正中學桃園分校邱姓校長，及訓導科林姓科長，調任法務部矯正署桃園少年輔育院以來，推動校務能力不足，管理無方，致管教人員縱容學生幹部集體霸凌弱勢學生，校內霸凌及集體鬥毆狀況越演越烈，且明知校內有班級幹部做莊聚賭及向被害學生勒索金錢等重大違規，卻未依規定通報，核有嚴重失職，已不適宜再領導學校校務，實有急速處分予以調離現職之必要，爰依法提案糾舉。」

三、糾正權

監察院經各該委員會之審查及決議，得提出糾正案，移送行政院及其有關部會，促其注意改善（《憲法》§97I）。監察院於調查行政院及其所屬各級機關之工作及設施後，經各有關委員會之審查及決議，得由監察院提出糾正案，移送行政院或有關部會，促其注意改善（《監察法》§24）。可知糾正權須由委員會提出，其行使之對象，以行政機關之「事」為標的。至於其效力，依《監察法》第 25 條之規定：「行政院或有關部會接到糾正案後，應即為適當之改善與處置，並應以書面答覆監察院，如逾二個月仍未將改善與處置之事實答復監察院時，監察院得質詢之。」

例如 2023 年 3 月監察院通過對行政院、內政部、內政部警政署、臺北市政府警察局、臺灣臺北地方檢察署等機關，提出 112 內正 0005 號糾正案：「103 年 3 月 23 日晚間 7 時 30 分許，民眾以反對「海峽兩岸服務貿易協議」為訴求，進入行政院抗議，於同年月 24 日凌晨 1 時至 4 時許，遭警察人員以不符比例原則之暴力、強制手段驅離，經司法機關判決認定執行驅離勤務逾越比例原則，應負國家賠償責任。又當時警察人員執勤法治素養不足，復因多日執勤、身心疲憊而情緒失控辱罵及毆打群眾，警察機關就警力之指揮、管制、督導、支援、聯繫等事項確有未當，甚至於驅離過程阻止媒體攝錄，且未確實辦理蒐證影像之製作、編輯、勘驗、保存等業務，致無法調查釐清警、民受傷之原因及事實真相，社會因此動盪、撕裂，造成人民對國家之不信任，質疑執法人員之中立性，行政院暨所屬機關無法保障人民之集會遊行安全，涉有重大違失，爰依法提案糾正。」

◆ 表 10-2　監察院彈劾權、糾舉權與糾正權之區別

	彈　劾　權	糾　舉　權	糾　正　權
對象	公務人員 （對人）	公務人員 （對人）	行政院及其所屬各機關（對事）
程序	監察委員 2 人以上提議，9 人以上審查及決定。	監察委員 1 人以上提議，3 人以上審查及決定。	經有關委員會之審查及決定。
提出機關	懲戒法院	公務人員之主管長官或上級長官	行政院或有關部會
目的	懲戒處分	應予停職或急速處分	促其注意改善

🔨 四、調查權

　　監察院為行使監察權，得向行政院及其各部會調閱其所布之命令及各種有關文件（《憲法》§95）。又監察院得按行政院及其各部會之工作，分設若干委員會，調查一切設施，注意其是否違法或失職（《憲法》§96）。另《監察法》第 26~30 條，對於調查權行使之方法，亦有詳細之規定。其次，修憲後，監察院不再具有國會性質，因之監察院應否再行使調查權備受關注。經司法院大法官會議釋字第325 號解釋：「本院釋字第七十六號解釋認監察院與其他中央民意機構共同相當於民主國家之國會，於憲法增修條文第十五條規定施行後，監察院已非中央民意機構，其地位及職權亦有所變更，上開解釋自不再適用於監察院。惟憲法之五院體制並未改變，原屬於監察院職權中之彈劾、糾舉、糾正權及為行使此等職權，依《憲法》第 95條、第 96 條具有之調查權，憲法增修條文亦未修改，此項調查權仍應專由監察院行使。…」(82/07/23)

🔨 五、審計權

　　審計權是對於政府機關之財政收支予以稽核督查之權，依《憲法》第 105 條規定：「審計長應於行政院提出決算後三個月內，依法完成其審核，並提出審核報告於立法院。」

🔨 六、提案權

　　監察院關於所掌事項，得向立法院提出法律案。（司法院釋字第 3 號解釋）

🔨 七、受理公職人員財產申報

　　依民國 82 年通過施行之《公職人員財產申報法》第 2 & 3 條規定，監察院受理公職人員依法申報財產。如總統、副總統，五院院長、副院長、政務官，有給職之總統府資政、國策顧問及戰略顧問，依法選舉產生之鄉（鎮、市）級以上之政府機關首長，各級民意機關代表…等。且公職人員應於就（到）職三個月內申報財產，每年並定期申報一次。

🔨 八、收受人民書狀

　　依《監察法》第 4 條規定：「監察院及監察委員得收受人民書狀。」依《監察法施行細則暨監察院收受人民書狀及處理辦法》之規定，人民如發覺公務人員有違法失職之行為，應詳述事實並列舉證據，逕向監察院或監察委員舉發。

10-4　修憲後對監察院之影響

一、監察委員產生方式之改變

依《憲法》規定，監察委員是由省（市）議會議員間接選舉產生，增修條文則改由總統提名，立法院同意而任命之。因此，修憲後監察院原具有的民意機關之性質與地位，轉變為「準司法機關」。

二、言論免責與不受逮捕之保障的喪失

監察委員已非民意代表，故專屬於民意代表之言論免責權及不受逮捕之保障，自無適用之餘地。依憲法增修條文之規定，監察委員「須超出黨派以外，依據法律獨立行使職權」。

三、同意權改隸屬立法院

監察院依《憲法》規定原對於司法院及考試院之相關人員具有同意任命權，因同意權係屬於民意代表的職權之故，依憲法增修條文改隸屬於立法院行使。

四、彈劾權之行使規定更為嚴謹

對於公務人員之彈劾的提議程序，由一人改為二人；且修憲後，將監察院對於總統、副總統之彈劾權，改由立法院行使提議權。

地方制度

📜 11-1 〉 中央與地方權限之劃分

　　各國對於中央與地方政府權力之分配，大抵有兩種制度，即中央集權制與地方分權制。

⚖️ 一、中央集權制

　　指一個國家的權力主要歸屬於中央政府；地方政府僅為中央政府的分支機構，其對地方政務不能自行決定，而須聽命於中央政府。

（一）優點

1. 全國劃一之行政制度，易維持國家之統一性。

2. 地方行政由中央統籌計劃，可使各地得以平衡發展。

3. 事權集中，易於貫徹國家之政令，且責任分明，減少行政糾紛。

（二）缺點

1. 過度集權，易忽略地方特殊環境與需要。

2. 中央總攬地方事權，有趨於專橫之流弊。

3. 漠視地方自主性，影響人民的參政機會，有背民主自治原則。

⚖️ 二、地方分權制

　　指中央政府與地方政府的職權，均由憲法加以嚴格規定，凡是依法屬地方政府之權，地方政府可不受中央政府的干涉或限制。

（一）優點

1. 地方政府可依地方之需要，採取有效而適切的施政措施。

2. 地方事權由地方政府掌握，較不會造成獨斷專橫。

3. 地方由人民自治，養成人民參政之興趣，可促進民主政治。

（二）缺點

1. 地方政府各自為政，易形成分裂割據的局面，影響國家的統一性。

2. 易產生不顧大局之偏狹的地域觀念，影響國家整體發展。

3. 中央政令較難貫徹，又地方權力易為少數富豪或派系所操縱。

　　關於中央與地方政府權限之劃分，無論中央集權制或地方分權制，均各有其優缺點，我國依中山先生之遺教，而採取均權制度，以為中央與地方權限劃分之原則。即凡事務有全國一致之性質者，劃歸中央，有因地制宜之性質者，劃歸地方。換言之，關於中央與地方權限之劃分乃以事務之性質為標準，而非以地域為標準。此種設計，乃使中央與地方之權限有明確之劃分，中央政令既可貫徹，地方政府亦有固定權限，無中央專制獨裁之弊，也無地方分裂割據之虞，實兼採中央集權與地方分權之優點。

11-2 > 憲法均權制之劃分

　　依《憲法》第107至110條之規定，分別列舉中央與地方權限內之事項：

　　第一類是中央專屬權(§107)：由中央立法並執行之，如外交、國防、司法制度…均專屬之。

　　第二類是中央與地方執行權(§108)：由中央立法並執行之，或交由省縣執行之，如教育制度、警察制度、有關文化之古籍、古物及古

蹟之保存…均專屬之；即教育制度事項除了中央教育部立法並執行外，地方政府亦有教育局處負責執行。

　　第三類是地方專屬權(§109 ＆§110)：由省立法並執行之，或交由縣執行之，以及由縣立法並執行之事項。

　　前述《憲法》第107條至110條，對於中央與省縣之事項雖已予列舉，但因國家社會之發展，難免有未及列舉之事權，此稱之為剩餘權。我國關於剩餘權之歸屬，依《憲法》第111條之規定，仍採均權制度之原則，以事務之性質為分配歸屬之標準。即「除第107、108、109及110條列舉事項外，如有未列舉事項發生時，其事務有全國一致之性質者屬於中央，有全省一致之性質者屬於省，有一縣之性質者屬於縣。遇有爭議時，由立法院解決之。」

📝 11-3 ▷ 憲法所定地方制度之層級

　　依《憲法》之規定：我國地方制度的層級分為省、縣二級制。茲分述如：

⚖ 一、省制

1. 省得召集省民代表大會，依據省縣自治通則，制定省自治法。(§112)

2. 省自治法應包含下列各款：(§113)
   (1) 省設省議會，省議會議員由省民選舉之。
   (2) 省設省政府，置省長一人，省長由省民選舉之。
   (3) 省與縣之關係。

另依《憲法》第 118 條規定:「直轄市之自治,以法律定之。」(與省同級)

⚖ 二、縣制

1. 縣得召集縣民代表大會,依據省縣自治通則,制定縣自治法。(§122)

2. 縣設縣議會,縣議會議員由縣民選舉之。(§124)

3. 縣設縣政府,置縣長一人,縣長由縣民選舉之。又縣長辦理縣自治,並執行中央及省委辦事項。(§126,127)

另依《憲法》第 128 條規定:「市準用縣之規定。」

📝 11-4 地方自治之法制化

依民國 81 年《憲法增修條文》之規定:明定地方自治法制化之法源,地方制度採省、縣、鄉鎮三級制。依憲法增修條文規定:「關於省、縣地方制度,以法律定之,…」可謂為地方自治法制化的法源。立法院於是據以制定「省縣自治法」,並由總統於民國 83 年 7 月 29 日公布施行;另外,立法院並依《憲法》第 118 條規定,制定《直轄市自治法》,亦於同日公布施行。其中就省(直轄市)自治部分作了重大的變革,主要即賦予臺灣省省長以及臺北、高雄兩直轄市市長民選的法源。茲將此部分地方制度的組織要點分述如下:

儘管《省縣自治法》與《直轄市自治法》的公布施行,落實了憲法地方制度的內涵,也開啟了臺灣地方自治的新頁。但基於政治因素考量,於 1996 年底的「國家發展會議」,對地方自治制度作成極為重

要的共同意見：「調整精簡省府功能與組織，同時凍結省自治選舉」
及「取消鄉鎮市級之自治選舉，鄉鎮市長改為依法派任」（李惠宗，
2001：293-293）。其中主張省應廢除或虛級化的理由為：1.職權與管
轄權重疊，中央與省所轄之土地面積重疊達 98%以上，造成管理單位
多而負責單位少之窘境；2.促進政治安定，避免「葉爾辛效應」，省
與中央在人口上有 81%重疊，自省長民選後，一旦得票數多於總統，
其政治影響力恐凌駕總統之上，而形成地方抗衡中央的現象（法治
斌、董保城，2004：426）。因此 1997 年 7 月即經由第四次修憲，將
省予以虛級化。

📜 11-5 　省虛級化之地方制度

　　依《憲法增修條文》第 9 條之規定略以：省、縣地方制度，以法
律定之，不受憲法相關條文之限制。據此立法院於 1999 年制定《地
方制度法》，取代原有的省縣自治法與直轄市自治法，成為地方制度
運作的基準法。

⚖ 一、自治組織

　　依《憲法增修條文》第 9 條之規定，省、縣地方制度以法律定
之，其要點如下：

1. 省。

2. 縣：設縣議會，縣議會議員由縣民選舉之，為縣之立法機關。另設
　 縣政府，置縣長一人，由縣民選舉之。

3. 中央與省、縣之關係。

4. 第十屆臺灣省議會議員及第一屆臺灣省省長之任期至中華民國 87 年 12 月 20 日止，臺灣省議會議員及臺灣省省長之選舉自第十屆臺灣省議會議員及第一屆臺灣省省長任期之屆滿日起停止辦理。

5. 臺灣省議會議員及臺灣省省長之選舉停止辦理後，臺灣省政之功能，業務與組織之調整，得以法律為特別之規定。

　　現行我國地方制度之實施乃是依據《憲法增修條文》第 9 條及《憲法》第 118 條之規定，於民國 88 年 1 月 25 日制定公布地方制度法，以為法源基礎，其要點如下：

（一）省

1. 省設省政府，置委員九人，其中一人為主席，由行政院院長提請總統任命之；省承行政院之命，監督縣自治事項（憲增修§9）。又依司法院大法官會議釋字第 467 號解釋，省雖非地方自治團體性質之公法人，但仍可在法律規定屬省之權限且得為權利義務之主體者，於此限度內，省自得具有公法人資格。因此，省政府為行政院派出機關，省為非地方自治團體(§2)。

2. 設省諮議會，置省諮議會議員若干人，由行政院院長提請總統任命之（憲增修§9）。省諮議會對省政府業務提供諮詢及興革意見，省諮議會置諮議員至少五人，至多二十九人，並指定其中一人為諮議長，任期三年，為無給職。(§10，11)

（二）直轄市

1. 人口聚居達一百二十五萬人以上，且在政治、經濟、文化及都會區域發展上，有特殊需要之地區，得設直轄市(§4)。直轄市政府置市長一人，由直轄市民依法選舉之，任期四年，連選得連任一次(§55)。下設區公所，置區長一人，亦由市長依法任用之。

2. 直轄市議會議員總額，直轄市人口扣除原住民人口在二百萬人以下者，不得超過五十五人；超過二百萬人者，不得超過六十二人，由直轄市民依法選舉之，任期四年，連選得連任(§33)。定期會每六個月召開一次，每會期不得超過七十日，而臨時會每次不得超過十日，且每年以不得多於八次為原則(§34)。

（三）縣（市）

1. 縣（市）政府置縣（市）長一人，其中依地方制度法第 4 條之規定，人口聚居達五十萬人以上未滿一百二十五萬人，且在政治、經濟及文化上地位重要之地區得設市。均由縣（市）民依法選舉之，任期四年，連選得連任一次。並置副縣（市）長一人，若人口在一百二十五萬人以上之縣（市），得增置副縣（市）長一人，均由縣（市）長任命，並報請內政部備查(§56)。市以下設區，置區長一人，由市長依法任用之。縣以下則設鄉、鎮長，民選產生。

2. 縣（市）議會議員總額，人口在一萬人以下者，不得超過十一人，人口在二十萬人以下者，不得超過十九人；…最多不得超過六十人；由縣（市）民依法選舉之，任期四年，連選得連任(§33)。定期會每六個月開會一次，議員總額四十人以下者，不得超過三十日；四十一人以上者不得超過四十日，而臨時會每次不得超過五日，且每年以不得多於六次為原則(§34)。

（四）鄉（鎮、市）

1. 鄉（鎮、市）公所置鄉（鎮、市）長一人，其中依地方制度法第 4 條之規定，人口聚居達十五萬人以上未滿五十萬人，且工商發達、自治財源充裕，交通便利及公共設施完備之地區，得設縣轄

市。由鄉（鎮、市）民依法選舉之，任期四年，連選得連任一次，若人口在三十萬人以上之縣轄市，得置副市長一人；另山地鄉鄉長以山地原住民為限(§56)。

2. 鄉（鎮、市）民代表會代表總額，人口在一千人以下者，不得超過五人；人口在一萬人以下者，不得超過七人；…最多不得超過三十一人。由鄉（鎮、市）民依法選舉之，任期四年，連選得連任(§33)。定期會每六個月開會一次，代表總額二十人以下者，不得超過十二日；二十一人以上者，不得超過十六日，而臨時會每次不得超過三日，且每年以不得多於五次為原則(§34)。

（五）村（里）

村（里）置村（里）長一人，受鄉（鎮、市、區）長之指揮監督，辦理村（里）公務及交辦事項。由村（里）民依法選舉之，任期四年，連選得連任(§59)。

二、自治法規

直轄市、縣（市）、鄉（鎮、市）得就其自治事項或依法律及上級法規之授權，制定自治法規（§25前段）。

（一）自治條例

自治法規經地方立法機關通過並由各該行政機關發布者稱自治條例（§25中段）。自治條例應分別冠以各該地方自治團體之名稱，在直轄市稱直轄市法規，在縣（市）稱縣（市）規章，在鄉（鎮、市）稱鄉（鎮、市）規約(§26I)。其訂定之事項包括如下(§28)：

1. 法律或自治條例規定應經地方立法機關議決者。

2. 創設、剝奪或限制地方自治團體居民之權利義務者。

3. 關於地方自治團體及所營事業機關之組織者。

4. 其他重要事項，經地方立法機關議決應以自治條例定之者。

（二）自治規則

自治法規由地方行政機關訂定並發布或下達者稱自治規則（§25後段）。直轄市政府、縣（市）政府、鄉（鎮、市）公所就其自治事項，得依其法定職權或基於法律、自治條例之授權，訂定自治規則（§27I）。自治規則應分別冠以各該地方自治團體之名稱，並得依其性質，定名為規程、規則、細則、辦法、綱要、標準或準則(§27II)。

直轄市政府、縣（市）政府、鄉（鎮、市）公所訂定之自治規則，除法律或自治條例另有規定外，應於發布後依下列規定分別函報有關機關備查(§27III)：

1. 其屬法律授權訂定者，函報各該法律所定中央主管機關備查。

2. 其屬依法定職權或自治條例授權訂定者，分別函送上級政府及各該地方立法機關備查或查照。

基本國策

　　基本國策訂入憲法始於 1919 年制定的德國威瑪憲法，我國仿效此體例而訂立專章。所謂基本國策，指國家一切政策所應遵循之目標，而為立國基礎及根本所繫。政府政策雖得因應時代需要而改變，但基本國策，除依修憲程序得予修改外，無論任何政黨執政均應遵守。

　　基本國策係規定將國家發展目標予以明文化與規範化，形成對國家行為的指導方針；尚不發生直接要求國家應立即實現其內容（李惠宗，2001：317；法治斌、董保城，2004：475）。我國憲法關於基本國策之規定，包括國防、外交、國民經濟、社會安全、教育文化及邊疆地區等六項。

📜 12-1 ▷ 國防

⚖️ 一、國防之目的

　　「中華民國之國防，以保衛國家之安全，維護世界和平為目的。」（§137 I）

⚖️ 二、軍隊國家化

　　我國《憲法》第 138 條規定：「全國陸海空軍，須超出個人、地域及黨派關係以外，效忠國家，愛護人民。」又《憲法》第 139 條規定：「任何黨派及個人，不得以武裝力量為政爭之工具。」

⚖️ 三、文武分治

　　依《憲法》第 140 條之規定：「現役軍人不得兼任文官。」又大法官釋字第 250 號解釋：「憲法第一百四十條規定：『現役軍人，不得

兼任文官』，係指正在服役之現役軍人不得同時兼任文官職務，以防止軍人干政，而維民主憲政之正常運作。現役軍人因故停役者，轉服預備役，列入後備管理，為後備軍人，如具有文官法定資格之現役軍人，因文職機關之需要，在未屆退役年齡前辦理外職停役，轉任與其專長相當之文官，既與現役軍人兼任文官之情形有別，尚難謂與憲法牴觸。」均為貫徹文武分治之原則。

四、退伍軍人之保障

依《憲法增修條文》規定：「國家應尊重軍人對社會之貢獻，並對其退役後之就學、就業、就醫、就養予以保障」。

12-2　外交

依《憲法》第 141 條規定：「中華民國之外交，應本獨立自主之精神，平等互惠之原則，敦睦邦交，尊重條約及聯合國憲章，以保護僑民權益，促進國際合作，提倡國際正義，確保世界和平。」其要點如下：

1. **精神**：獨立自主。

2. **原則**：平等互惠。

3. **方針**：(1)敦睦外交，(2)尊重條約及聯合國憲章。

4. **目標**：(1)保護僑民權益，(2)促進國際合作，(3)提倡國際正義，(4)確保世界和平。

📜 12-3 國民經濟

依《憲法》第 142 條之規定：「國民經濟應以民生主義為基本原則，實施平均地權、節制資本，以謀國計民生之均足。」其要點如下：

1. **基本原則**：民生主義。

2. **實施方法**：(1)平均地權，(2)節制資本。

其次《憲法》第 143~151 條復對於我國國民經濟政策，作進一步的規定：

1. 土地國有之原則，礦物及天然力屬國家所有。(§143)

2. 節制私人資本與發達國家資本。(§144，145)

3. 促成農業工業化。(§146)

4. 謀求全國經濟之平衡發展。(§147)

5. 確保貨暢其流。(§148)

6. 健全金融機構。(§149，150)

7. 扶助僑民經濟事業。(§151)

另外，依《憲法增修條文》之規定：「國家應獎勵科學技術發展及投資，促進產業升級，推動農漁業現代化，重視水資源之開發利用，加強國際經濟合作」，「經濟及科學技術發展，應與環境及生態保護兼籌並顧」，「國家對於人民興辦之中小型經濟事業，應扶助並保護其生存與發展」，「國家對於公營金融機構之管理，應本企業化經營之原則」等；此不但揭示政府應全面推動科技及各項經濟活動之發展，且對於環境與生態問題，亦同等重視。

12-4　社會安全

指透過國家之力量，以保障國民最低生活的安全為目的。我國《憲法》第 152~157 條有所規定，其內容包括：

1. 保障人民之工作權。(§152)

2. 重視農工及婦孺之保護。(§153)

3. 促進勞資協調合作。(§154)

4. 推行社會保險與社會救濟。(§155)

5. 實施婦幼福利政策。(§156)

6. 增進民族健康。(§157)

尤其《憲法增修條文》更明定：「國家應推行全民健康保險」，「重視福利措施」，「保障婦女權益」，「輔助身心障礙者」，以健全福利制度。例如，《身心障礙者權益保障法》第 38 條第 1 款：「各級政府機關、公立學校及公營事業機構員工總人數在三十四人以上者，進用具有就業能力之身心障礙者人數，不得低於員工總人數百分之三。」

12-5　教育文化

《憲法》第 158~167 條對此有詳細之規定。其中第 162 條規定：「全國公私立之教育文化機關，依法律受國家之監督。」此即對公私立學校及各科具教育功能的社會團體，國家得依法加以監督。

另第 164 條規定：「教育、科學、文化之經費，在中央不得少於其預算總額百分之十五，在省不得少於預算總額百分之二十五，在

市、縣不得少於其預算總額百分之三十五，…」。為明定教育文化經費之條款。但第四次修憲時，通過《憲法增修條文》規定：「教育、科學、文化之經費，尤其國民教育之經費應優先編列，不受憲法第164條規定之限制。」至此憲法原有對於「教科文經費預算定有下限」之規定，已然取消，此舉引發各界爭議。

📜 12-6 　邊疆地區

國家對於邊疆地區各民族之地位應予以合法之保障，並對其自治事業，及教育文化等事業亦應予扶助（《憲法》§168 & §169）。

另依《憲法增修條文》規定：「國家肯定多元化，並積極維護發展原住民語言及文化。」「國家應依民族意願，保障原住民族之地位及政治參與，並對其教育文化、交通水利、衛生醫療、經濟土地及社會福利事業予以保障扶助並促其發展，其辦法另以法律定之。對於澎湖、金門及馬祖地區人民亦同。」其中「澎湖」是於第五次及第六次修憲時所增列，且依此款立法院於89年3月通過《離島建設條例》，有關澎湖、金門及馬祖地區免徵營業稅、部分項目之關稅，以及兩岸通航等均有所規定。又「國家對於僑居國外國民之政治參與，應予保障。」

因此，依憲法增修條文之規定，針對原住民，澎湖、金門及馬祖地區人民，以及僑居國外國民等之政治參與，明文予以保障。

至於兩岸關係部分則依《憲法增修條文》第11條之規定：「自由地區與大陸地區間人民權利義務關係及其他事務之處理，得以法律為特別之規定。」

附錄一　國民大會　*Appendix*

壹、國民大會的性質

一、國民大會為中央政權機關

依據《憲法》第 25 條規定：「國民大會依本憲法之規定，代表全國國民行使政權。」可知國民大會乃代表全國國民在中央行使政權的機關。此權在地方各縣市由人民直接行使，但在中央因我國幅員廣闊、人口眾多，乃由人民選舉國民大會代表以行使之。

「國民大會」一詞，首先出現於民國 5 年，孫中山的「自治制度為建國之礎石」這篇演講。他說：「今則七十萬人中，苟有七萬人贊成署名，可開國民大會。有人民三十五萬人以上之贊成，即可成為法律。」故國民大會實為人民行使直接立法權的「集會」，而非固定之機關。

二、國民大會並非主權機關

依《憲法》第 2 條規定：「中華民國之主權，屬於國民全體。」可知國民大會僅係代行中央政權之機關，而非主權機關；或僅為主權者的代表是也。

貳、國民大會的地位

國民大會與一般民主國家的國會雖同為人民之代表機關，釋字第 76 號解釋：「就憲法上之地位及職權之性質而言，應認國民大會、立法院、監察院共同相當於民主國家之國會。」但國民大會現雖然可每年集會，可是會期短暫，且其所具有的職能，主要在於行使人事同意權與修憲權，實與一般民主國家國會應有的職權，隨時監督政府的功能有所差距；因此其地位是否相當於外國政制中之國會實值得探討。（可參閱：許志雄等著，2002：287-289）

叁、國民大會的組織

一、國大代表之產生

（一） 依《憲法》第 26 條及第 135 條之規定，國民大會是由八種代表所組成，就其性質可分為區域代表、民族代表、華僑代表、職業團體代表及婦女團體代表等。依此規定，第一屆國大代表法定總額應有 3045人，惟實際選出總額為 2961 人。

（二） 依民國 80 年《憲法增修條文》第 1 條之規定，國大代表來源共有四種：

1. 區域代表：每直轄市、縣市各選出二人，人口逾 10 萬人，每增加 10 萬人，增選 1 人。選出之名額在五人以上十人以下者，應有婦女當選名額一人。

2. 原住民代表：平地及山地原住民各三人。（共計六人）

3. 僑胞代表：二十人。

4. 全國不分區代表：八十人。

依此次修憲規定，選出第二屆與第三屆國大代表；其內容中較重要者為：

1. 以原住民代表代替民族代表。

2. 增設全國不分區代表，摒除職業代表。

3. 僑胞及全國不分區代表，採政黨比例方式選出。

4. 訂定婦女保障名額。

（三） 依民國 89 年修正《憲法增修條文》第 1 條規定，「任務型」國大代表300 人，採比例代表制選出之，其選舉方式以法律定之。

二、國大代表之任期

（一）依《憲法》第 28 條之規定

「國民大會代表，每六年改一次。每屆國民大會代表之任期，至次屆國民大會開會之日為止。」此因《憲法》原條文規定國民大會代表之重要職權，在於選舉總統、副總統，所以為配合總統、副總統任期六年之規定，國民大會代表改選亦定為六年，而非其任期六年。

另外，依司法院大法官會議釋字第 261 號解釋：「…第一屆未定期改選之中央民意代表，…應於中華民國八十年十二月三十一日以前終止行使職權。」

（二）依《動員戡亂時期臨時條款》之規定

1. 自由地區中央民意代表增補選（民 58 年）：任期與第一屆同。

2. 自由地區中央民意代表增額選（民 61 年）：每六年定期改選之。

（三）依《憲法增修條文》之規定

1. 第二屆國大代表任期自 81 年元月 1 日起至 85 年國民大會第三屆於第八任總統任滿前國民大會集會之日。(85/5/19)

2. 國民大會代表（自第三屆起）每四年改選一次。

3. 依 89 年修正《憲法增修條文》第 1 條之規定，國民大會代表任期與集會期間相同，即選出後集會（任期）以一個月為限。

三、國大代表之保障

（一）言論及表決自由之保障

依《憲法》第 32 條之規定：「國民大會在會議時所為之言論及表決，對會外不負責任。」此即「言論免責權」之規定。

（二）身體自由之保障

依《憲法》第 33 條之規定：「國民大會代表，除現行犯外，在會期中，非經國民大會許可，不得逮捕或拘禁。」其內容有三：

1. 保障對象：非現行犯。

2. 保障期間：限於會期中。

3. 保障條件：須得國民大會之許可。

四、國大代表之薪酬

國民大會代表為無給職，但因行使職權得受領各項合理之報酬。

（一） 依司法院大法官會議釋字第 282 號解釋：「國民大會代表依憲法所定職務之性質，不經常集會，並非應由國庫定期支給歲費、公費等待遇之職務，故屬無給職。…至國民大會代表，在特定情形下，例如集會行使職權時，所得受領之報酬，亦應與其他中央民意代表之待遇，分別以法律明定其項目及標準，始得據以編列預算支付之…。」

（二） 又釋字第 299 號解釋，補充前項解釋,認為國民大會代表在行使職權時，自得受領各項合理報酬，非集會期間，因行使職權有直接關係之郵電、交通、文具等非屬於個人報酬之必要費用，得由立法機關制定有關報酬條例予以規範。（81.7.17.「國民大會代表報酬及費用支給條例」通過）。

肆、國民大會的職權

一、有關憲法原條文之規定者

（一） 選舉罷免總統、副總統。

（二） 修改憲法。

（三） 創制複決法律。

（四） 領土變更決議權。

二、有關憲法增修條文之規定者（民國 86 年 7 月第四次修憲）

（一）　補選副總統權：副總統缺位時，由總統於三個月內提名候選人，召集
國民大會補選，繼任至原任期屆滿為止。

（二）　提出總統、副總統罷免案權：國民大會代表總額四分之一之提議，三
分之二之同意後提出，並經中華民國自由地區選舉人總額過半數之投
票有效票過半數同意罷免時，即為通過。

（三）　議決立法院提出彈劾案權：立法院向國民大會提出之總統、副總統彈
劾案，經國民大會代表總額三分之二同意時，被彈劾人應即解職。

（四）　修改憲法權

1. 由國民大會代表總額五分之一之提議，三分之二出席，及出席代表
四分之三之決議，得修改之。

2. 由立法委員四分之一之提議，四分之三之出席，及出席委員四分之
三之決議，擬定憲法修正案，提請國民大會複決之。此項憲法修正
案應於國民大會開會前半年公告之。

（五）　任命同意權

以下人員由總統提名，經國民大會同意任命之：

1. 司法院大法官十五人，並以其中一人為院長，一人為副院長。

2. 考試院院長、副院長、考試委員。

3. 監察院監察委員二十九人，並以其中一人為院長，一人為副院長。

（六）　聽取國情報告，並供建言權

國民大會集會時，得聽取總統國情報告，並檢討國是，提供建言；如一
年內未集會，由總統召集會議為之。

（七）　制定行使職權程序之權

原依《憲法》第 34 條規定以法律定之，增修條文改由國民大會定之。

（八）　複決立法院所提之憲法修正案

於立法院經立法委員四分之一之提議，全體立法委員四分之三之出席，及出席委員四分之三之決議，提出憲法修正案；由國民大會以國民大會代表三分之二之出席，及出席代表四分之三複決之。

（九）　複決立法院所提之領土變更案：其程序如前項。

伍、國民大會的演變

一、從常設化到擴權

依《憲法》原條文的規定，國民大會最主要的職權，乃是每六年選舉總統、副總統；隨著修憲的過程，民國 83 年的第三次修憲，前述職權改為公民直接選舉，為彌補國民大會權力與地位的衰微，於是一方面增加其擁有對司法、考試及監察三院的人事同意權，另一方面也通過其設議長、副議長，而形成常設化的機構。

二、從虛級化到廢除

民國 88 年的第五次修憲，國民大會通過了「國大自肥」的延長任期修憲案，不但經大法官會議解釋為無效，同時也激起民眾廢除國大的呼聲；因此民國 89 年的第六次修憲，將國民大會修正為虛級化的「任務型國大」；民國 94 年的第六次修憲，更進一步通過廢除國民大會。

附錄二　中華民國憲法 — *Appendix*

■ 中華民國三十六年一月一日國民政府公布
■ 中華民國三十六年十二月二十五日施行

　　中華民國國民大會受全體國民之付託，依據孫中山先生創立中華民國之遺教，為鞏固國權，保障民權，奠定社會安寧，增進人民福利，制定本憲法，頒行全國，永矢咸遵。

第一章　總　綱

第　一　條　中華民國基於三民主義，為民有民治民享之民主共和國。

第　二　條　中華民國之主權屬於國民全體。

第　三　條　具有中華民國國籍者為中華民國國民。

第　四　條　中華民國領土，依其固有之疆域，非經國民大會之決議，不得變更之。

第　五　條　中華民國各民族一律平等。

第　六　條　中華民國國旗定為紅地，左上角青天白日。

第二章　人民之權利義務

第　七　條　中華民國人民，無分男女、宗教、種族、階級、黨派，在法律上一律平等。

第　八　條　人民身體之自由應予保障。除現行犯之逮捕由法律另定外，非經司法或警察機關依法定程序，不得逮捕拘禁。非由法院依法定程序，不得審問處罰。非依法定程序之逮捕、拘禁、審問、處罰，得拒絕之。

　　　　　　　人民因犯罪嫌疑被逮捕拘禁時，其逮捕拘禁機關應將逮捕拘禁原因，以書面告知本人及其本人指定之親友，並至遲於二十四小時內移送該管法院審問。本人或他人亦得聲請該管法院，於二十四小時內向逮捕之機關提審。

　　　　　　　法院對於前項聲請，不得拒絕，並不得先令逮捕拘禁之機關查覆。逮捕拘禁之機關，對於法院之提審，不得拒絕或遲延。

　　　　　　　人民遭受任何機關非法逮捕拘禁時，其本人或他人得向法院聲請追究，法院不得拒絕，並應於二十四小時內向逮捕拘禁之機關追究，依法處理。

第　九　條　人民除現役軍人外，不受軍事審判。

第　十　條　人民有居住及遷徙之自由。

第　十一　條　人民有言論、講學、著作及出版之自由。

第　十二　條　人民有秘密通訊之自由。

第　十三　條　人民有信仰宗教之自由。

第　十四　條　人民有集會及結社之自由。

第　十五　條　人民之生存權、工作權及財產權，應予保障。

第　十六　條　人民有請願、訴願及訴訟之權。

第　十七　條　人民有選舉、罷免、創制及複決之權。

第　十八　條　人民有應考試、服公職之權。

第　十九　條　人民有依法律納稅之義務。

第　二十　條　人民有依法律服兵役之義務。

第　二十一　條　人民有受國民教育之權利與義務。

第　二十二　條　凡人民之其他自由及權利，不妨害社會秩序公共利益者，均受憲法之保障。

第 二十三 條　以上各條列舉之自由權利，除為防止妨礙他人自由，避免緊急危難，維持社會秩序或增進公共利益所必要者外，不得以法律限制之。

第 二十四 條　凡公務員違法侵害人民之自由或權利者，除依法律受懲戒外，應負刑事及民事責任。被害人民就其所受損害，並得依法律向國家請求賠償。

第三章　國民大會

第 二十五 條　國民大會依本憲法之規定，代表全國國民行使政權。

第 二十六 條　國民大會以左列代表組織之：

一、每縣市及其同等區域各選出代表一人，但其人口逾五十萬人者，每增加五十萬人，增選代表一人。縣市同等區域以法律定之。

二、蒙古選出代表，每盟四人，每特別旗一人。

三、西藏選出代表，其名額以法律定之。

四、各民族在邊疆地區選出代表，其名額以法律定之。

五、僑居國外之國民選出代表，其名額以法律定之。

六、職業團體選出代表，其名額以法律定之。

七、婦女團體選出代表，其名額以法律定之。

第 二十七 條　國民大會之職權如左：

一、選舉總統、副總統。

二、罷免總統、副總統。

三、修改憲法。

四、複決立法院所提之憲法修正案。

關於創制複決兩權，除前項第三、第四兩款規定外，俟全國有半數之縣、市曾經行使創制複決兩項政權時，由國民大會制定辦法並行使之。

第 二十八 條　國民大會代表每六年改選一次。

每屆國民大會代表之任期，至次屆國民大會開會之日為止。

現任官吏不得於其任所所在地之選舉區當選為國民大會代表。

第 二十九 條　國民大會於每屆總統任滿前九十日集會，由總統召集之。

第 三十 條　國民大會遇有左列情形之一時，召集臨時會：

一、依本憲法第四十九條之規定，應補選總統、副總統時。

二、依監察院之決議，對於總統、副總統提出彈劾案時。

三、依立法院之決議，提出憲法修正案時。

四、國民大會代表五分之二以上請求召集時。

國民大會臨時會，如依前項第一款或第二款應召集時，由立法院院長通告集會。依第三款或第四款應召集時，由總統召集之。

第 三十一 條　國民大會之開會地點，在中央政府所在地。

第 三十二 條　國民大會代表在會議時所為之言論及表決，對會外不負責任。

第 三十三 條　國民大會代表，除現行犯外，在會期中，非經國民大會許可，不得逮捕或拘禁。

第 三十四 條　國民大會之組織，國民大會代表選舉、罷免，及國民大會行使職權之程序，以法律定之。

第四章　總　統

第 三十五 條　總統為國家元首，對外代表中華民國。

第 三十六 條　總統統率全國陸海空軍。

第 三十七 條　總統依法公布法律，發布命令，須經行政院院長之副署，或行政院院長及有關部會首長之副署。

第 三十八 條　總統依本憲法之規定，行使締結條約及宣戰媾和之權。

第 三十九 條　總統依法宣布戒嚴，但須經立法院之通過或追認。立法院認為必要時，得決議移請總統解嚴。

第　四十　條　總統依法行使大赦、特赦、減刑及復權之權。

第 四十一 條　總統依法任免文武官員。

第 四十二 條　總統依法授與榮典。

第 四十三 條　國家遇有天然災害、癘疫或國家財政經濟上有重大變故，須為急速處分時，總統於立法院休會期間，得經行政院會議之決議，依緊急命令法，發布緊急命令，為必要之處置。但須於發布命令後一個月內提交立法院追認。如立法院不同意時，該緊急命令立即失效。

第 四十四 條　總統對於院與院間之爭執，除本憲法有規定者外，得召集有關各院院長會商解決之。

第 四十五 條　中華民國國民年滿四十歲者，得被選為總統、副總統。

第 四十六 條　總統、副總統之選舉，以法律定之。

第 四十七 條　總統、副總統之任期為六年，連選得連任一次。

第 四十八 條　總統應於就職時宣誓，誓詞如左：

「余謹以至誠，向全國人民宣誓。余必遵守憲法，盡忠職務，增進人民福利，保衛國家，無負國民付託。如違誓言，願受國家嚴厲之制裁。謹誓。」

第 四十九 條　總統缺位時，由副總統繼任，至總統任期屆滿為止。總統、副總統均缺位時，由行政院院長代行其職權，並依本憲法第三十條之規定，召集國民大會臨時會，補選總統、副總統，其任期以補足原任總統未滿之任期為止。總統因故不能視事時，由副總統代行其職權。總統、副總統均不能視事時，由行政院院長代行其職權。

第 五十 條　總統於任滿之日解職，如屆期次任總統尚未選出，或選出後總統、副總統均未就職時，由行政院院長代行總統職權。

第 五十一 條　行政院院長代行總統職權時，其期限不得逾三個月。

第 五十二 條　總統除犯內亂或外患罪外，非經罷免或解職，不受刑事上之訴究。

第五章　行　政

第 五十三 條　行政院為國家最高行政機關。

第 五十四 條　行政院設院長、副院長各一人，各部會首長若干人，及不管部會之政務委員若干人。

第 五十五 條　行政院院長由總統提名，經立法院同意任命之。
立法院休會期間，行政院院長辭職或出缺時，由行政院副院長代理其職務，但總統須於四十日內咨請立法院召集會議，提出行政院院長人選，徵求同意。行政院院長職務，在總統所提行政院院長人選未經立法院同意前，由行政院副院長暫行代理。

第 五十六 條　行政院副院長、各部會首長及不管部會之政務委員，由行政院院長提請總統任命之。

第 五十七 條　行政院依左列規定，對立法院負責：

　　一、行政院有向立法院提出施政方針及施政報告之責。立法委員在開會時，有向行政院院長及行政院各部會首長質詢之權。

二、立法院對於行政院之重要政策不贊同時，得以決議移請
行政院變更之。行政院對於立法院之決議，得經總統之
核可，移請立法院覆議。覆議時，如經出席立法委員三
分之二維持原決議，行政院院長應即接受該決議或辭
職。

三、行政院對於立法院決議之法律案、預算案、條約案，如
認為有窒礙難行時，得經總統之核可，於該決議案送達
行政院十日內，移請立法院覆議。覆議時，如經出席立
法委員三分之二維持原案，行政院院長應即接受該決議
或辭職。

第 五十八 條　行政院設行政院會議，由行政院院長、副院長、各部會首長
及不管部會之政務委員組織之，以院長為主席。

行政院院長、各部會首長，須將應行提出於立法院之法律
案、預算案、戒嚴案、大赦案、宣戰案、媾和案、條約案及
其他重要事項，或涉及各部會共同關係之事項，提出於行政
院會議議決之。

第 五十九 條　行政院於會計年度開始三個月前，應將下年度預算案提出於
立法院。

第 六十 條　行政院於會計年度結束後四個月內，應提出決算於監察院。

第 六十一 條　行政院之組織，以法律定之。

第六章　立　法

第 六十二 條　立法院為國家最高立法機關，由人民選舉之立法委員組織
之，代表人民行使立法權。

第 六十三 條　立法院有議決法律案、預算案、戒嚴案、大赦案、宣戰案、
媾和案、條約案及國家其他重要事項之權。

第 六十四 條　立法院立法委員，依左列規定選出之：

　　　　　　一、各省、各直轄市選出者，其人口在三百萬以下者五人，
　　　　　　　　其人口超過三百萬者，每滿一百萬人增選一人。

　　　　　　二、蒙古各盟旗選出者。

　　　　　　三、西藏選出者。

　　　　　　四、各民族在邊疆地區選出者。

　　　　　　五、僑居國外之國民選出者。

　　　　　　六、職業團體選出者。

　　　　　　立法委員之選舉及前項第二款至第六款立法委員名額之分
　　　　　　配，以法律定之。婦女在第一項各款之名額，以法律定之。

第 六十五 條　立法委員之任期為三年，連選得連任，其選舉於每屆任滿前
　　　　　　三個月內完成之。

第 六十六 條　立法院設院長、副院長各一人，由立法委員互選之。

第 六十七 條　立法院得設各種委員會。

　　　　　　各種委員會得邀請政府人員及社會上有關係人員到會備詢。

第 六十八 條　立法院會期，每年兩次，自行集會，第一次自二月至五月
　　　　　　底，第二次自九月至十二月底，必要時得延長之。

第 六十九 條　立法院遇有左列情事之一時，得開臨時會：

　　　　　　一、總統之咨請。

　　　　　　二、立法委員四分之一以上之請求。

第 七十 條　立法院對於行政院所提預算案，不得為增加支出之提議。

第 七十一 條　立法院開會時，關係院院長及各部會首長得列席陳述意見。

第 七十二 條　立法院法律案通過後，移送總統及行政院，總統應於收到後十
　　　　　　日內公布之，但總統得依照本憲法第五十七條之規定辦理。

第 七十三 條　立法委員在院內所為之言論及表決，對院外不負責任。

第 七十四 條　立法委員，除現行犯外，非經立法院許可，不得逮捕或拘
　　　　　　　禁。

第 七十五 條　立法委員不得兼任官吏。

第 七十六 條　立法院之組織，以法律定之。

第七章　司　法

第 七十七 條　司法院為國家最高司法機關，掌理民事、刑事、行政訴訟之
　　　　　　　審判及公務員之懲戒。

第 七十八 條　司法院解釋憲法，並有統一解釋法律及命令之權。

第 七十九 條　司法院設院長、副院長各一人，由總統提名，經監察院同意
　　　　　　　任命之。
　　　　　　　司法院設大法官若干人，掌理本憲法第七十八條規定事項，
　　　　　　　由總統提名，經監察院同意任命之。

第 八十 條　法官須超出黨派以外，依據法律獨立審判，不受任何干涉。

第 八十一 條　法官為終身職，非受刑事或懲戒處分或禁治產之宣告，不得
　　　　　　　免職。非依法律，不得停職、轉任或減俸。

第 八十二 條　司法院及各級法院之組織，以法律定之。

第八章　考　試

第 八十三 條　考試院為國家最高考試機關，掌理考試、任用、銓敘、考
　　　　　　　績、級俸、陞遷、保障、褒獎、撫卹、退休、養老等事項。

第 八十四 條　考試院設院長、副院長各一人，考試委員若干人，由總統提
　　　　　　　名，經監察院同意任命之。

第 八十五 條　公務人員之選拔，應實行公開競爭之考試制度，並應按省區分
　　　　　　　別規定名額，分區舉行考試。非經考試及格者，不得任用。

第 八十六 條　左列資格，應經考試院依法考選銓定之：

一、公務人員任用資格。

二、專門職業及技術人員執業資格。

第 八十七 條　考試院關於所掌事項，得向立法院提出法律案。

第 八十八 條　考試委員須超出黨派以外，依據法律獨立行使職權。

第 八十九 條　考試院之組織，以法律定之。

第九章　監　察

第 九十 條　監察院為國家最高監察機關，行使同意、彈劾、糾舉及審計權。

第 九十一 條　監察院設監察委員，由各省市議會、蒙古西藏地方議會及華僑團體選舉之。其名額分配，依左列之規定：

一、每省五人。

二、每直轄市二人。

三、蒙古各盟旗共八人。

四、西藏八人。

五、僑居國外之國民八人。

第 九十二 條　監察院設院長、副院長各一人，由監察委員互選之。

第 九十三 條　監察委員之任期為六年，連選得連任。

第 九十四 條　監察院依本憲法行使同意權時，由出席委員過半數之議決行之。

第 九十五 條　監察院為行使監察權，得向行政院及其各部會調閱其所發布之命令及各種有關文件。

第 九十六 條　監察院得按行政院及其各部會之工作，分設若干委員會，調查一切設施，注意其是否違法或失職。

第 九十七 條　監察院經各該委員會之審查及決議，得提出糾正案，移送行
　　　　　　　政院及其有關部會，促其注意改善。
　　　　　　　監察院對於中央及地方公務人員，認為有失職或違法情事，
　　　　　　　得提出糾舉案或彈劾案，如涉及刑事，應移送法院辦理。

第 九十八 條　監察院對於中央及地方公務人員之彈劾案，須經監察委員一
　　　　　　　人以上之提議，九人以上之審查及決定，始得提出。

第 九十九 條　監察院對於司法院或考試院人員失職或違法之彈劾，適用本
　　　　　　　憲法第九十五條、第九十七條及第九十八條之規定。

第 　一百　 條　監察院對於總統、副總統之彈劾案，須有全體監察委員四分
　　　　　　　之一以上之提議，全體監察委員過半數之審查及決議，向國
　　　　　　　民大會提出之。

第一百零一條　監察委員在院內所為之言論及表決，對院外不負責任。

第一百零二條　監察委員除現行犯外，非經監察院許可，不得逮捕或拘禁。

第一百零三條　監察委員不得兼任其他公職或執行業務。

第一百零四條　監察院設審計長，由總統提名，經立法院同意任命之。

第一百零五條　審計長應於行政院提出決算後三個月內，依法完成其審核，
　　　　　　　並提出審核報告於立法院。

第一百零六條　監察院之組織，以法律定之。

第十章　中央與地方之權限

第一百零七條　左列事項，由中央立法並執行之：
　　　　　　　一、外交。
　　　　　　　二、國防與國防軍事。
　　　　　　　三、國籍法及刑事、民事、商事之法律。
　　　　　　　四、司法制度。

五、航空、國道、國有鐵路、航政、郵政及電政。

六、中央財政與國稅。

七、國稅與省稅、縣稅之劃分。

八、國營經濟事業。

九、幣制及國家銀行。

十、度量衡。

十一、國際貿易政策。

十二、涉外之財政經濟事項。

十三、其他依本憲法所定關於中央之事項。

第一百零八條　左列事項，由中央立法並執行之，或交由省縣執行之：

一、省縣自治通則。

二、行政區劃。

三、森林、工礦及商業。

四、教育制度。

五、銀行及交易所制度。

六、航業及海洋漁業。

七、公用事業。

八、合作事業。

九、二省以上之水陸交通運輸。

十、二省以上之水利、河道及農牧事業。

十一、中央及地方官吏之銓敘、任用、糾察及保障。

十二、土地法。

十三、勞動法及其他社會立法。

十四、公用徵收。

十五、全國戶口調查及統計。

十六、移民及墾殖。

十七、警察制度。

十八、公共衛生。

十九、賑濟、撫卹及失業救濟。

二十、有關文化之古籍、古物及古蹟之保存。

前項各款，省於不牴觸國家法律內，得制定單行法規。

第一百零九條　左列事項，由省立法並執行之，或交由縣執行之：

一、省教育、衛生、實業及交通。

二、省財產之經營及處分。

三、省市政。

四、省公營事業。

五、省合作事業。

六、省農林、水利、漁牧及工程。

七、省財政及省稅。

八、省債。

九、省銀行。

十、省警政之實施。

十一、省慈善及公益事項。

十二、其他依國家法律賦予之事項。

前項各款，有涉及二省以上者，除法律別有規定外，得由有關各省共同辦理。

各省辦理第一項各款事務，其經費不足時，經立法院議決，由國庫補助之。

第 一百十 條　左列事項，由縣立法並執行之：

　　　　　　一、縣教育、衛生、實業及交通。

　　　　　　二、縣財產之經營及處分。

　　　　　　三、縣公營事業。

　　　　　　四、縣合作事業。

　　　　　　五、縣農林、水利、漁牧及工程。

　　　　　　六、縣財政及縣稅。

　　　　　　七、縣債。

　　　　　　八、縣銀行。

　　　　　　九、縣警衛之實施。

　　　　　　十、縣慈善及公益事項。

　　　　　　十一、其他依國家法律及省自治法賦予之事項。

　　　　　　前項各款，有涉及二縣以上者，除法律別有規定外，得由有
　　　　　　關各縣共同辦理。

第一百十一條　除第一百零七條、第一百零八條、第一百零九條及第一百十
　　　　　　條列舉事項外，如有未列舉事項發生時，其事務有全國一致
　　　　　　之性質者屬於中央，有全省一致之性質者屬於省，有一縣之
　　　　　　性質者屬於縣。遇有爭議時，由立法院解決之。

第十一章　　地方制度

第一節　省

第一百十二條　省得召集省民代表大會，依據省縣自治通則，制定省自治
　　　　　　法，但不得與憲法牴觸。

　　　　　　省民代表大會之組織及選舉，以法律定之。

第一百十三條　省自治法應包含左列各款：

一、省設省議會，省議會議員由省民選舉之。

二、省設省政府，置省長一人，省長由省民選舉之。

三、省與縣之關係。

屬於省之立法權，由省議會行之。

第一百十四條　省自治法制定後，須即送司法院。司法院如認為有違憲之處，應將違憲條文宣布無效。

第一百十五條　省自治法施行中，如因其中某條發生重大障礙，經司法院召集有關方面陳述意見後，由行政院院長、立法院院長、司法院院長、考試院院長與監察院院長組織委員會，以司法院院長為主席，提出方案解決之。

第一百十六條　省法規與國家法律牴觸者無效。

第一百十七條　省法規與國家法律有無牴觸發生疑義時，由司法院解釋之。

第一百十八條　直轄市之自治，以法律定之。

第一百十九條　蒙古各盟旗地方自治制度，以法律定之。

第一百二十條　西藏自治制度，應予以保障。

第二節　縣

第一百二十一條　縣實行縣自治。

第一百二十二條　縣得召集縣民代表大會，依據省縣自治通則，制定縣自治法，但不得與憲法及省自治法牴觸。

第一百二十三條　縣民關於縣自治事項，依法律行使創制、複決之權，對於縣長及其他縣自治人員，依法律行使選舉、罷免之權。

第一百二十四條　縣設縣議會，縣議會議員由縣民選舉之。

屬於縣之立法權，由縣議會行之。

第一百二十五條　縣單行規章，與國定法律或省法規牴觸者無效。

第一百二十六條　縣設縣政府，置縣長一人。縣長由縣民選舉之。

第一百二十七條　縣長辦理縣自治，並執行中央及省委辦事項。

第一百二十八條　市準用縣之規定。

第十二章　選舉、罷免、創制、複決

第一百二十九條　本憲法所規定之各種選舉，除本憲法別有規定外，以普通、平等、直接及無記名投票之方法行之。

第 一百三十 條　中華民國國民年滿二十歲者，有依法選舉之權。除本憲法及法律別有規定者外，年滿二十三歲者，有依法被選舉之權。

第一百三十一條　本憲法所規定各種選舉之候選人，一律公開競選。

第一百三十二條　選舉應嚴禁威脅利誘。選舉訴訟，由法院審判之。

第一百三十三條　被選舉人得由原選舉區依法罷免之。

第一百三十四條　各種選舉，應規定婦女當選名額，其辦法以法律定之。

第一百三十五條　內地生活習慣特殊之國民代表名額及選舉，其辦法以法律定之。

第一百三十六條　創制複決兩權之行使，以法律定之。

第十三章　基本國策

第一節　國防

第一百三十七條　中華民國之國防，以保衛國家安全，維護世界和平為目的。

國防之組織，以法律定之。

第一百三十八條　全國陸海空軍，須超出個人、地域及黨派關係以外，效忠國家，愛護人民。

第一百三十九條　任何黨派及個人不得以武裝力量為政爭之工具。

第 一百四十 條　現役軍人不得兼任文官。

第二節 外交

第一百四十一條 中華民國之外交,應本獨立自主之精神,平等互惠之原則,敦睦邦交,尊重條約及聯合國憲章,以保護僑民權益,促進國際合作,提倡國際正義,確保世界和平。

第三節 國民經濟

第一百四十二條 國民經濟應以民生主義為基本原則,實施平均地權,節制資本,以謀國計民生之均足。

第一百四十三條 中華民國領土內之土地屬於國民全體。人民依法取得之土地所有權,應受法律之保障與限制。私有土地應照價納稅,政府並得照價收買。

附著於土地之礦及經濟上可供公眾利用之天然力,屬於國家所有,不因人民取得土地所有權而受影響。

土地價值非因施以勞力資本而增加者,應由國家徵收土地增值稅,歸人民共享之。

國家對於土地之分配與整理,應以扶植自耕農及自行使用土地人為原則,並規定其適當經營之面積。

第一百四十四條 公用事業及其他有獨占性之企業,以公營為原則,其經法律許可者,得由國民經營之。

第一百四十五條 國家對於私人財富及私營事業,認為有妨害國計民生之平衡發展者,應以法律限制之。

合作事業應受國家之獎勵與扶助。

國民生產事業及對外貿易,應受國家之獎勵、指導及保護。

第一百四十六條 國家應運用科學技術,以興修水利,增進地力,改善農業環境,規劃土地利用,開發農業資源,促成農業之工業化。

第一百四十七條　中央為謀省與省間之經濟平衡發展，對於貧瘠之省，應酌予補助。

省為謀縣與縣間之經濟平衡發展，對於貧瘠之縣，應酌予補助。

第一百四十八條　中華民國領域內，一切貨物應許自由流通。

第一百四十九條　金融機構，應依法受國家之管理。

第 一百五十 條　國家應普設平民金融機構，以救濟失業。

第一百五十一條　國家對於僑居國外之國民，應扶助並保護其經濟事業之發展。

第四節　社會安全

第一百五十二條　人民具有工作能力者，國家應予以適當之工作機會。

第一百五十三條　國家為改良勞工及農民之生活，增進其生產技能，應制定保護勞工及農民之法律，實施保護勞工及農民之政策。

婦女兒童從事勞動者，應按其年齡及身體狀態，予以特別之保護。

第一百五十四條　勞資雙方應本協調合作原則，發展生產事業。勞資糾紛之調解與仲裁，以法律定之。

第一百五十五條　國家為謀社會福利，應實施社會保險制度。人民之老弱殘廢，無力生活，及受非常災害者，國家應予以適當之扶助與救濟。

第一百五十六條　國家為奠定民族生存發展之基礎，應保護母性，並實施婦女兒童福利政策。

第一百五十七條　國家為增進民族健康，應普遍推行衛生保健事業及公醫制度。

第五節　教育文化

第一百五十八條　教育文化，應發展國民之民族精神、自治精神、國民道德、健全體格與科學及生活智能。

第一百五十九條　國民受教育之機會，一律平等。

第 一百六十 條　六歲至十二歲之學齡兒童，一律受基本教育，免納學費。其貧苦者，由政府供給書籍。

已逾學齡未受基本教育之國民，一律受補習教育，免納學費，其書籍亦由政府供給。

第一百六十一條　各級政府應廣設獎學金名額，以扶助學行俱優無力升學之學生。

第一百六十二條　全國公私立之教育文化機關，依法律受國家之監督。

第一百六十三條　國家應注重各地區教育之均衡發展，並推行社會教育，以提高一般國民之文化水準。邊遠及貧瘠地區之教育文化經費，由國庫補助之。其重要之教育文化事業，得由中央辦理或補助之。

第一百六十四條　教育、科學、文化之經費，在中央不得少於其預算總額百分之十五，在省不得少於其預算總額百分之二十五，在市、縣不得少於其預算總額百分之三十五，其依法設置之教育文化基金及產業，應予以保障。

第一百六十五條　國家應保障教育、科學、藝術工作者之生活，並依國民經濟之進展，隨時提高其待遇。

第一百六十六條　國家應獎勵科學之發明與創造，並保護有關歷史、文化、藝術之古蹟、古物。

第一百六十七條　國家對於左列事業或個人，予以獎勵或補助：
一、國內私人經營之教育事業成績優良者。
二、僑居國外國民之教育事業成績優良者。

三、於學術或技術有發明者。

四、從事教育久於其職而成績優良者。

第六節　邊疆地區

第一百六十八條　國家對於邊疆地區各民族之地位，應予以合法之保障，並於其地方自治事業，特別予以扶植。

第一百六十九條　國家對於邊疆地區各民族之教育、文化、交通、水利、衛生及其他經濟、社會事業，應積極舉辦，並扶助其發展，對於土地使用，應依其氣候、土壤性質，及人民生活習慣之所宜，予以保障及發展。

第十四章　憲法之施行及修改

第　一百七十　條　本憲法所稱之法律，謂經立法院通過，總統公布之法律。

第一百七十一條　法律與憲法牴觸者無效。

法律與憲法有無牴觸發生疑義時，由司法院解釋之。

第一百七十二條　命令與憲法或法律牴觸者無效。

第一百七十三條　憲法之解釋，由司法院為之。

第一百七十四條　憲法之修改，應依左列程序之一為之：

一、　由國民大會代表總額五分之一之提議，三分之二之出席，及出席代表四分之三之決議，得修改之。

二、　由立法院立法委員四分之一之提議，四分之三之出席，及出席委員四分之三之決議，擬定憲法修正案，提請國民大會複決。此項憲法修正案應於國民大會開會前半年公告之。

第一百七十五條　本憲法規定事項，有另定實施程序之必要者，以法律定之。

本憲法施行之準備程序，由制定憲法之國民大會議定之。

附錄三　中華民國憲法增修條文 _Appendix_

■ 中華民國九十三年八月二十三日立法院第五屆第五會期第一次臨時會第三次會議通過修正中華民國憲法增修條文第一條、第二條、第四條、第五條及第八條條文；並增訂第十二條條文
■ 中華民國九十四年六月七日國民大會複決通過
■ 中華民國九十四年六月十日總統公布

　　為因應國家統一前之需要，依照憲法第二十七條第一項第三款及第一百七十四條第一款之規定，增修本憲法條文如左（下）：

第 一 條　　中華民國自由地區選舉人於立法院提出憲法修正案、領土變更案，經公告半年，應於三個月內投票複決，不適用憲法第四條、第一百七十四條之規定。

　　　　　　憲法第二十五條至第三十四條及第一百三十五條之規定，停止適用。

第 二 條　　總統、副總統由中華民國自由地區全體人民直接選舉之，自中華民國八十五年第九任總統、副總統選舉實施。總統、副總統候選人應聯名登記，在選票上同列一組圈選，以得票最多之一組為當選。在國外之中華民國自由地區人民返國行使選舉權，以法律定之。

　　　　　　總統發布行政院院長與依憲法經立法院同意任命人員之任免命令及解散立法院之命令，無須行政院院長之副署，不適用憲法第三十七條之規定。

　　　　　　總統為避免國家或人民遭遇緊急危難或應付財政經濟上重大變故，得經行政院會議之決議發布緊急命令，為必要之處置，不受憲法第四十三條之限制。但須於發布命令後十日內提交立法院追認，如立法院不同意時，該緊急命令立即失效。

　　　　　　總統為決定國家安全有關大政方針，得設國家安全會議及所屬國家安全局，其組織以法律定之。

總統於立法院通過對行政院院長之不信任案後十日內，經諮詢立法院院長後，得宣告解散立法院。但總統於戒嚴或緊急命令生效期間，不得解散立法院。立法院解散後，應於六十日內舉行立法委員選舉，並於選舉結果確認後十日內自行集會，其任期重新起算。

總統、副總統之任期為四年，連選得連任一次，不適用憲法第四十七條之規定。

副總統缺位時，總統應於三個月內提名候選人，由立法院補選，繼任至原任期屆滿為止。

總統、副總統均缺位時，由行政院院長代行其職權，並依本條第一項規定補選總統、副總統，繼任至原任期屆滿為止，不適用憲法第四十九條之有關規定。

總統、副總統之罷免案，須經全體立法委員四分之一之提議，全體立法委員三分之二之同意後提出，並經中華民國自由地區選舉人總額過半數之投票，有效票過半數同意罷免時，即為通過。

立法院提出總統、副總統彈劾案，聲請司法院大法官審理，經憲法法庭判決成立時，被彈劾人應即解職。

第 三 條　行政院院長由總統任命之。行政院院長辭職或出缺時，在總統未任命行政院院長前，由行政院副院長暫行代理。憲法第五十五條之規定，停止適用。

行政院依左列規定，對立法院負責，憲法第五十七條之規定，停止適用：

一、行政院有向立法院提出施政方針及施政報告之責。立法委員在開會時，有向行政院院長及行政院各部會首長質詢之權。

二、行政院對於立法院決議之法律案、預算案、條約案，如認為有窒礙難行時，得經總統之核可，於該決議案送達

行政院十日內，移請立法院覆議。立法院對於行政院移請覆議案，應於送達十五日內作成決議。如為休會期間，立法院應於七日內自行集會，並於開議十五日內作成決議。覆議案逾期未議決者，原決議失效。覆議時，如經全體立法委員二分之一以上決議維持原案，行政院院長應即接受該決議。

三、立法院得經全體立法委員三分之一以上連署，對行政院院長提出不信任案。不信任案提出七十二小時後，應於四十八小時內以記名投票表決之。如經全體立法委員二分之一以上贊成，行政院院長應於十日內提出辭職，並得同時呈請總統解散立法院；不信任案如未獲通過，一年內不得對同一行政院院長再提不信任案。

國家機關之職權、設立程序及總員額，得以法律為準則性之規定。

各機關之組織、編制及員額，應依前項法律，基於政策或業務需要決定之。

第　四　條　　立法院立法委員自第七屆起一百一十三人，任期四年，連選得連任，於每屆任滿前三個月內，依左列規定選出之，不受憲法第六十四條及第六十五條之限制：

一、自由地區直轄市、縣市七十三人。每縣市至少一人。

二、自由地區平地原住民及山地原住民各三人。

三、全國不分區及僑居國外國民共三十四人。

前項第一款依各直轄市、縣市人口比例分配，並按應選名額劃分同額選舉區選出之。第三款依政黨名單投票選舉之，由獲得百分之五以上政黨選舉票之政黨依得票比率選出之，各政黨當選名單中，婦女不得低於二分之一。

立法院於每年集會時，得聽取總統國情報告。

立法院經總統解散後，在新選出之立法委員就職前，視同休會。

中華民國領土，依其固有疆域，非經全體立法委員四分之一之提議，全體立法委員四分之三之出席，及出席委員四分之三之決議，提出領土變更案，並於公告半年後，經中華民國自由地區選舉人投票複決，有效同意票過選舉人總額之半數，不得變更之。

總統於立法院解散後發布緊急命令，立法院應於三日內自行集會，並於開議七日內追認之。但於新任立法委員選舉投票日後發布者，應由新任立法委員於就職後追認之。如立法院不同意時，該緊急命令立即失效。

立法院對於總統、副總統之彈劾案，須經全體立法委員二分之一以上之提議，全體立法委員三分之二以上之決議，聲請司法院大法官審理，不適用憲法第九十條、第一百條及增修條文第七條第一項有關規定。

立法委員除現行犯外，在會期中，非經立法院許可，不得逮捕或拘禁。憲法第七十四條之規定，停止適用。

第 五 條　司法院設大法官十五人，並以其中一人為院長、一人為副院長，由總統提名，經立法院同意任命之，自中華民國九十二年起實施，不適用憲法第七十九條之規定。司法院大法官除法官轉任者外，不適用憲法第八十一條及有關法官終身職待遇之規定。

司法院大法官任期八年，不分屆次，個別計算，並不得連任。但並為院長、副院長之大法官，不受任期之保障。

中華民國九十二年總統提名之大法官，其中八位大法官，含院長、副院長，任期四年，其餘大法官任期為八年，不適用前項任期之規定。

司法院大法官，除依憲法第七十八條之規定外，並組成憲法法庭審理總統、副總統之彈劾及政黨違憲之解散事項。

政黨之目的或其行為，危害中華民國之存在或自由民主之憲政秩序者為違憲。

司法院所提出之年度司法概算，行政院不得刪減，但得加註意見，編入中央政府總預算案，送立法院審議。

第 六 條　考試院為國家最高考試機關，掌理左列事項，不適用憲法第八十三條之規定：

一、考試。

二、公務人員之銓敘、保障、撫卹、退休。

三、公務人員任免、考績、級俸、陞遷、褒獎之法制事項。

考試院設院長、副院長各一人，考試委員若干人，由總統提名，經立法院同意任命之，不適用憲法第八十四條之規定。

憲法第八十五條有關按省區分別規定名額，分區舉行考試之規定，停止適用。

第 七 條　監察院為國家最高監察機關，行使彈劾、糾舉及審計權，不適用憲法第九十條及第九十四條有關同意權之規定。

監察院設監察委員二十九人，並以其中一人為院長、一人為副院長，任期六年，由總統提名，經立法院同意任命之。憲法第九十一條至第九十三條之規定停止適用。

監察院對於中央、地方公務人員及司法院、考試院人員之彈劾案，須經監察委員二人以上之提議，九人以上之審查及決定，始得提出，不受憲法第九十八條之限制。

監察院對於監察院人員失職或違法之彈劾，適用憲法第九十五條、第九十七條第二項及前項之規定。

監察委員須超出黨派以外，依據法律獨立行使職權。

　　　　　　　　憲法第一百零一條及第一百零二條之規定，停止適用。

第 八 條　　立法委員之報酬或待遇，應以法律定之。除年度通案調整者外，單獨增加報酬或待遇之規定，應自次屆起實施。

第 九 條　　省、縣地方制度，應包括左列各款，以法律定之，不受憲法第一百零八條第一項第一款、第一百零九條、第一百十二條至第一百十五條及第一百二十二條之限制：

　　　　　　　一、省設省政府，置委員九人，其中一人為主席，均由行政院院長提請總統任命之。

　　　　　　　二、省設省諮議會，置省諮議會議員若干人，由行政院院長提請總統任命之。

　　　　　　　三、縣設縣議會，縣議會議員由縣民選舉之。

　　　　　　　四、屬於縣之立法權，由縣議會行之。

　　　　　　　五、縣設縣政府，置縣長一人，由縣民選舉之。

　　　　　　　六、中央與省、縣之關係。

　　　　　　　七、省承行政院之命，監督縣自治事項。

　　　　　　　台灣省政府之功能、業務與組織之調整，得以法律為特別之規定。

第 十 條　　國家應獎勵科學技術發展及投資，促進產業升級，推動農漁業現代化，重視水資源之開發利用，加強國際經濟合作。

　　　　　　　經濟及科學技術發展，應與環境及生態保護兼籌並顧。

　　　　　　　國家對於人民興辦之中小型經濟事業，應扶助並保護其生存與發展。

　　　　　　　國家對於公營金融機構之管理，應本企業化經營之原則；其管理、人事、預算、決算及審計，得以法律為特別之規定。

　　　　　　　國家應推行全民健康保險，並促進現代和傳統醫藥之研究發展。

國家應維護婦女之人格尊嚴，保障婦女之人身安全，消除性別歧視，促進兩性地位之實質平等。

國家對於身心障礙者之保險與就醫、無障礙環境之建構、教育訓練與就業輔導及生活維護與救助，應予保障，並扶助其自立與發展。

國家應重視社會救助、福利服務、國民就業、社會保險及醫療保健等社會福利工作，對於社會救助和國民就業等救濟性支出應優先編列。

國家應尊重軍人對社會之貢獻，並對其退役後之就學、就業、就醫、就養予以保障。

教育、科學、文化之經費，尤其國民教育之經費應優先編列，不受憲法第一百六十四條規定之限制。

國家肯定多元文化，並積極維護發展原住民族語言及文化。

國家應依民族意願，保障原住民族之地位及政治參與，並對其教育文化、交通水利、衛生醫療、經濟土地及社會福利事業予以保障扶助並促其發展，其辦法另以法律定之。對於澎湖、金門及馬祖地區人民亦同。

國家對於僑居國外國民之政治參與，應予保障。

第十一條　自由地區與大陸地區間人民權利義務關係及其他事務之處理，得以法律為特別之規定。

第十二條　憲法之修改，須經立法院立法委員四分之一之提議，四分之三之出席，及出席委員四分之三之決議，提出憲法修正案，並於公告半年後，經中華民國自由地區選舉人投票複決，有效同意票過選舉人總額之半數，即通過之，不適用憲法第一百七十四條之規定。

參考書目 ————————————————— *References*

- 李惠宗(2001)，中華民國憲法概要。臺北：元照出版社。

- 李鴻禧(1994)，李鴻禧憲法教室。臺北：月旦出版社。

- 法治斌與董保城(2004)，憲法新論。臺北：元照出版社。

- 東吳大學公法中心憲法小組編(2018)，憲法講義。臺北：元照出版社。

- 姚志剛等(2005)，法國第五共和的憲政運作。臺北：業強出版社。

- 荊知仁(1984)，中國立憲史。臺北：聯經出版社。

- 陳逸民(2004)，憲法與人權。臺北：新文京開發出版股份有限公司。

- 陳龍騰、楊富強、林正順(2010)，人權保障與實用法律。高雄：復文圖書出版社。

- 許志雄(1993)，憲法之基礎理論。臺北：稻禾出版社。

- 許志雄等(2002)，現代憲法論。臺北：元照出版社。

- 許育典(2016)，憲法。臺北：元照出版社。

- 許慶雄(2000)，憲法入門。臺北：元照出版社。

- 張君勱(1971)，中華民國憲法十講。臺北：臺灣商務印書館。

- 張治安(1997)，中國憲法與政府。臺北：五南書局。

- 董翔飛(1992)，中國憲法與政府。臺北：作者自印。

- 管歐(1998)，中華民國憲法論。臺北：五南書局。

- 劉慶瑞(1983)，中華民國憲法要義。臺北：作者自印。

- 羅豪才與吳擷英(1994)，憲法與政治制度。臺北：洛克出版社。

MEMO

國家圖書館出版品預行編目資料

中華民國憲法集萃/蔡明惠著. -- 五版. -- 新北市：
新文京開發出版股份有限公司, 2023.08
面；　公分

ISBN　978-986-430-941-2（平裝）

1.CST：中華民國憲法　2.CST：憲法解釋

581.23　　　　　　　　　　　112010675

中華民國憲法集萃（第五版）　　　（書號：E063e5）

編　著　者	蔡明惠
出　版　者	新文京開發出版股份有限公司
地　　　址	新北市中和區中山路二段 362 號 9 樓
電　　　話	(02) 2244-8188（代表號）
Ｆ　Ａ　Ｘ	(02) 2244-8189
郵　　　撥	1958730-2
初　　　版	西元 1998 年 05 月 20 日
二　　　版	西元 2001 年 09 月 01 日
三　　　版	西元 2006 年 09 月 20 日
四　　　版	西元 2011 年 07 月 30 日
五　　　版	西元 2023 年 08 月 01 日